Westkanada und Alaska mit dem Wohnmobil

Einsame Seen, wie hier am Cassiar Highway, laden zum Verweilen ein.

Bernd Hiltmann

Westkanada und Alaska mit dem Wohnmobil

British Columbia,
Alberta,
Yukon
und Alaska

BRUCKMANN

Wohnmobil in den Rocky Mountains

INHALT

Westkanada und Alaska erleben

Westkanada und Alaska – Land und Leute 8

Die Routen

1 **Von Vancouver in die Rocky Mountains**
Nationalparks, Panoramastraßen, Gletscher – Natur pur im Südwesten Kanadas 30

2 **Von Vancouver Island bis in den Norden**
Die schönste Insel an der Pazifikküste, eine atemberaubende Fährpassage und ein einsamer Highway 56

3 **Auf dem Alaska Highway nach Norden**
Durch den Norden von British Columbia und den Yukon bis nach Alaska 82

4 **Alaska erleben!**
Eine spannende Reise durch den nördlichsten Bundesstaat der USA 100

5 **Auf den Spurender Goldsucher**
Über den Top of the World Highway nach Dawson City (Yukon) und bis Skagway (Alaska) 118

Reiseinformationen von A bis Z 134

Register 140

Impressum 144

» LAND UND LEUTE

Um Kamloops herrscht wüstenartiges Klima.

Hobby
Hobby
1001
DAYS
C MW 694

WESTKANADA UND ALASKA

Land und Leute

Tiefe, unberührte Wälder, Blockhäuser, reißende Flüsse und tiefblaue Seen, Holzfäller- und Goldsucherromantik, unendliche Weiten und individueller naturverbundener Lebensstil – das sind einige der Schlagworte, die uns bei der Frage nach Kanada sofort in den Sinn kommen. Ach ja, und Sport natürlich auch noch. Kanada ist die Heimat des Eishockeys und war Ausrichter der Olympischen Winterspiele 2010. Bei Alaska ist es vielleicht etwas schwieriger. Da denken wir an Kälte, Gletscher, Schnee, Hundeschlittenrennen, Permafrostboden, Erdöl und an das schwere Leben in der arktischen Natur. Natürlich stimmt das alles, aber es ist nur ein Teil der Wahrheit, es kratzt nur an der Oberfläche. Westkanada und Alaska sind an Faszination und Vielfältigkeit kaum zu überbieten.

Auf der ersten Reise nach Westkanada besuchen die meisten Touristen Vancouver und die Rocky Mountains, bei genügend Zeit steht vielleicht auch noch Vancouver Island auf dem Reiseprogramm. Das ist ein guter Einstieg, denn diese Reiseregion bietet eine große Vielfalt an Erlebnissen, an Landschaft und Natur, und dabei liegen die Highlights so nah beieinander, dass man sie schon in einem dreiwöchigen Urlaub erleben kann. Die Metropole Vancouver, für viele Kanadatouristen der Ausgangspunkt ihrer Reise und Übernahmeort für das angemietete Wohnmobil, hat alles, was man von einer Urlaubscity erwartet. Museen, Parks und Theater, Historie und Moderne, Shopping, Sightseeing und Nightlife – und dazu eine traumhafte Lage zwischen schneebedeckten Bergen und tiefblauen Fjorden. Nur wenige Kilometer nördlich umgeben den Reisenden Wildnis und Einsamkeit. Im Osten liegen Obst- und Weinanbaugebiete und nicht viel weiter erheben sich die vergletscherten Gipfel der Rocky Mountains in den blauen Himmel. Im Westen liegt schließlich die größte Pazifikinsel Vancouver Island mit einem urwüchsigen Regenwald, mit rauen Küstenlandschaften und dem britisch anmutenden Victoria. Auf unseren ersten zwei Touren kann man genau diese Vielfältigkeit erleben. Aber Vorsicht!! Es besteht akute Ansteckungsgefahr mit dem Virus Kanada, und dann will man immer mehr.

Die grandiosen Naturlandschaften im Norden von Bri-

tish Columbia, im Yukon und in Alaska werden dann vielleicht die nächsten Ziele sein. Auch dabei ist unser Tourenbuch ein hilfreicher Begleiter. Für manche Kanadareisende stellt sich die Frage, ob man lieber den Süden oder den Norden erkunden will, gar nicht. Sie sind Pensionäre oder Aussteiger auf Zeit und wollen Kanada und Alaska umfassend und ohne Zeitdruck bereisen. Mit dem eigenen von Deutschland nach Kanada verschifften Wohnmobil kann dieser Traum in Erfüllung gehen. Oder man schafft sich mit dem Kauf eines amerikanischen RV (Recreational Vehicle) die notwendige Unabhängigkeit. Das ist oftmals kostengünstiger als eine Langzeitmiete. Wie auch immer, ob drei Wochen oder drei Monate, es wird eine unvergessliche Reise – versprochen!!

Kanada in Zahlen und Fakten

Kanada ist nach Russland das flächenmäßig zweitgrößte Land der Welt. Mit 9 984 670 Quadratkilometern ist es fast so groß wie Europa, diese große Fläche teilen sich aber gerade mal 35 Millionen Menschen. Das sind etwas mehr als drei Einwohner pro Quadratkilometer. In Europa sind die Bevölkerungszahl und die Einwohnerdichte rund 20-mal höher.

Die größte Nord-Süd-Ausdehnung von Kap Columbia auf Ellesmere Island im Nunavut-Territorium bis nach Middle Island in Ontario beträgt 4634 Kilometer. Cape Spear auf Neufundland ist 5514 Kilometer von der Westgrenze des Yukon zu Alaska entfernt. Durch das riesige Land zieht sich im dichter besiedelten Süden, parallel zur US-Grenze, der Trans-Canada-Highway. Es ist die einzige Bundesstraße in Kanada. Von St. John's in Newfoundland and Labrador bis nach Victoria auf Vancouver Island in British Columbia beträgt die Straßenlänge 8030 Kilometer. Obwohl schon 1962 eröffnet, wurde der Highway erst 1971 komplett fertiggestellt. Vorher musste man streckenweise auf Straßen in den USA ausweichen oder die Eisenbahn benutzen. Die Canadian Pacific Railway errichtete von 1881 bis 1885 die erste transkontinentale Verbindung von Montreal bis nach Vancouver und legte damit den Grundstein für die dynamische wirtschaftliche Entwicklung der westkanadischen Provinzen, vor allen von British Columbia.

Nur noch selten sieht man einen Bison in freier Wildbahn, wie hier am Alaska Highway.

Der höchste kanadische Berg ist mit 5959 Metern der Mount Logan in den St. Elias Mountains (Yukon), die längsten Flüsse sind der Mackenzie River mit 4260 und der Yukon River mit 3185 Kilometern Länge. Mit einer Fläche von 82 000 Quadratkilometern ist der Lake Superior etwa so groß wie Österreich. Es ist das zweitgrößte Binnengewässer der Erde. Durch den See verläuft die Grenze zwischen Kanada und den USA. Diese Grenze hat eine Gesamtlänge von 6404 Kilometern und ist damit die längste Grenze zwischen zwei Staaten. Weitere 2477 Kilometer Grenzlinie trennen Kanada von Alaska. Noch viel länger ist die Küstenlänge Kanadas, diese beträgt fast unvorstellbare 202 000 Kilometer.

In Kanada gilt der kanadische Dollar, der in Banknoten von 5 $ bis 100 $ und in Münzen von 1 ¢ bis 2 $ ausgegeben wird. Auffällig ist, dass alle Münzen und die 20-$-Banknote das Abbild von Königin Elisabeth II. tragen. Die Begründung ist einfach, Kanada ist formal eine konstitutionelle Monarchie innerhalb des britischen Commonwealth of

Das Zentrum von Vancouver wird von modernen Hochhäusern dominiert.

Alaska, der 49. US-Bundesstaat, ist erreicht.

Lachse sind eine Delikatesse für Grizzly-Bären.

Nations. Zu diesem Staatenbund gehören neben dem Vereinigten Königreich Großbritannien und Nordirland noch weitere 53 souveräne Staaten, zumeist die ehemaligen britischen Kolonien. Unter ihnen auch Australien, Indien und Südafrika. Königin Elisabeth II. ist somit das Staatsoberhaupt und die »Königin von Kanada«. Sie wird durch einen Generalgouverneur und in jeder Provinz durch einen

Vizegouverneur vertreten. Theoretisch liegt die exekutive Staatsgewalt bei der britischen Königin und den Gouverneuren. In der Praxis geben sie aber alle politischen Geschäfte an das Kabinett ab und nehmen nur zeremonielle und repräsentative Funktionen wahr. Die Wahrnehmung ihrer Hoheitsrechte in einem Konflikt- oder Krisenfall bleibt jedoch bestehen. Offiziell ist Kanada eine als Bundesstaat organisierte parlamentarische Demokratie mit einem Premierminister an der Spitze. Das Land gliedert sich in zehn Provinzen und drei Territorien. Als Amtssprachen sind Englisch und Französisch festgelegt. Alle Formulare, Dokumente und Hinweisschilder müssen zweisprachig ausgeführt sein. Das wird in ganz Kanada so praktiziert, nur die französischsprachige Provinz Quebec widersetzt sich der Gleichberechtigung der zwei Sprachen. Die Politik in Quebec wird dominiert von der Diskussion über die französische Sprache und Kultur im sonst überwiegend englisch geprägten Kanada und von der Möglichkeit einer staatlichen Unabhängigkeit. 1995 sprach sich die Bevölkerung Quebecs in einem Referendum mit der knappen Mehrheit von 50,6 % für den Verbleib in Kanada und gegen eine eigenstaatliche Unabhängigkeit aus. Diese Streitfrage bleibt weiterhin aktuell und wird viel diskutiert.

Ein weiteres Konfliktpotenzial besteht im Umgang mit den Ureinwohnern, also den Angehörigen der First Nations und der Inuit. Diese fühlen sich von der Regierung bevormundet und finanziell benachteiligt. Streitpunkt ist unter anderem die Erschließung des Nordens und die Förderung von Bodenschätzen. Sie fordern Mitbestimmung und Lizenzabgaben der in- und ausländischen Firmen direkt an die Stämme. Der kanadische Staat bemüht sich um die Beilegung des Konfliktes. Finanzielle Unterstützung, die Übertragung politischer Rechte wie das volle Wahlrecht seit 1960 oder die komplette Übergabe des Nunavut-Territoriums in die Selbstverwaltung der Inuit im Jahr 1999 sind Beispiele für das Agieren der Regierung. Trotzdem kommt es immer wieder zu Auseinandersetzungen bei

der Rohstoffexploration und dem Abbau von Bodenschätzen, bei der Abholzung von Wäldern in ihren traditionellen Gebieten oder bei der Landaufteilung.

632 unterschiedliche Stämme der First Nations gibt es in Kanada, knapp ein Drittel davon in British Columbia. Der Anteil der Kanadier, die sich selbst als Angehörige einer indigenen Gruppe bezeichnen, lag bei der letzten Volkszählung bei 3,8 %. Mehr als 96 % der heutigen Bevölkerung sind also in den letzten 200 Jahren in Kanada eingewandert. Anfangs waren es vor allem Siedler britischer und französischer Abstammung, später kamen zunehmend auch Italiener, Holländer, Polen und Deutsche dazu. Besonders die Jahre nach dem Zweiten Weltkrieg brachten eine sehr starke Immigrationswelle aus Deutschland. 3,4 Millionen, also jeder zehnte Kanadier, gaben bei der letzten Volkszählung an, deutscher Herkunft zu sein. In den letzten 30 Jahren waren die Immigranten aus Asien mit 58 % die größte Einwanderergruppe.

Die drei Reiseregionen im Überblick

Die Reiserouten im vorliegenden Tourenbuch verlaufen durch drei Regionen. Die Touren 1 und 2 beschreiben die schönsten Reiseziele in der südlichen Reiseregion British Columbia und im Grenzgebiet von Alberta. Tour 3 stellt die Verbindung zwischen British Columbia und der zweiten Reiseregion, dem Yukon, her und endet in Alaska. Die beliebtesten Reiseziele in Alaska, unserer dritten Reiseregion, werden in Tour 4 aufgezeigt, und mit unserer letzten Tour lernt man das Yukon-Territorium noch näher kennen.

Reiseregion British Columbia

British Columbia, im Südwesten Kanadas gelegen, erstreckt sich von der US-Grenze im Süden bis zum 60. Breitengrad im Norden und von den Rocky Mountains im Osten bis zur Pazifikküste im Westen. Dort liegen annähernd 7000 Inseln vor der zerklüfteten Küste, die

Exit Glacier im Süden der Kenai Peninsula (Alaska)

Seite 13 oben: Unterwegs auf dem Top of the World Highway

Seite 13 Mitte: Goldwaschen ist ein touristisches Highlight im Yukon.

Seite 13 unten: Auf Westernfestivals geben die Indianer Einblicke in ihre Traditionen.

Das abendliche Feuer auf dem Campingplatz ist schon fast ein Ritual.

größte davon ist Vancouver Island. In British Columbia leben heute 4,4 Millionen Menschen (12,5 % der Einwohner Kanadas) auf einer Fläche von 944 735 Quadratkilometern (9,5 % der Fläche Kanadas). Hauptstadt der Provinz ist Victoria auf Vancouver Island. Die Geografie wird durch mehrere Gebirgszüge bestimmt, die annähernd parallel in Nord-Süd-Richtung verlaufen. Im Osten bilden die Rocky Mountains eine natürliche Grenze, und im Westen erstrecken sich die Coast Mountains über 1600 Kilometer entlang der Pazifikküste. Mit 4019 Metern ist der Mount Waddington die höchste Erhebung dieses Küstengebirges und der höchste Berg von British Columbia. Zwischen den zwei flankierenden Gebirgszügen liegen weitere Gebirgsketten, Hochebenen und Täler mit lang gezogenen Seen. Längster Fluss der Provinz ist der Fraser River.

Als erster Europäer soll der englische Freibeuter Sir Francis Drake 1579 auf Vancouver Island gelandet sein. Der griechische Seefahrer Juan de Fuca segelte 1592 im Auftrag Spaniens an der Pazifikküste entlang. Er suchte nach der Nord-West-Passage und entdeckte stattdessen die später nach ihm benannte Wasserstraße zwischen Vancouver Island und der Halbinsel Olympic (heute State Washington, USA). Danach vergingen fast 200 Jahre, bevor der spanische Seefahrer Juan Francisco de la Bodega y Quadra an der Pazifikküste landete und das Land für die spanische Krone in Besitz nahm. Vier Jahre später erhob der englische Seefahrer James Cook auf die gleiche Region britische Besitzansprüche. Zwischen 1792 und 1794 erkundete George Vancouver, ein Offizier der britischen Royal Navy, die Pazifikküste und kartografierte die Inseln und den exakten Küstenverlauf. Das von ihm kartografierte Gebiet erklärte er ebenfalls zum Besitz Großbritanniens. Der sich daraus ergebende Konflikt zwischen Spanien und Großbritannien konnte 1794 friedlich beigelegt werden.

Die europäische Besiedlung war stark von den Interessen der Pelzhandelsgesellschaften getrieben. Die britische Hudson's Bay Company erweiterte ihren Wirkungsbereich in Richtung des Pazifiks, später kamen die Pelzhändler der französischen North West Company ebenfalls in dieses Gebiet. Die meisten der großen Entdecker dieser Zeit standen im Auftrag der North West Company und suchten nach neuen Handelswegen. So erforschte beispielsweise John Mackenzie den Peace River und den später nach ihm benannten Mackenzie River, 1793 entdeckte er den Fraser River und etablierte am Athabasca Pass eine Pelzhandelsroute über die Rocky Mountains. Simon Fraser befuhr 1808 als Erster den später nach ihm benannten Fraser River vom heutigen Prince George bis zur Mündung in den Pazifik bei Vancouver. Eine beispielhafte Leistung vollbrachte David Thompson, ein Kartograf und Pelzhändler der North West Company. Er befuhr den Columbia River auf seiner ganzen Länge und kartografierte ab 1811 über zehn Millionen Quadratkilometer Wildnis, eine Fläche, zehnmal so groß wie das heutige British Columbia. Seine Karten waren so exakt gezeichnet, dass sie noch 100 Jahre später von der kanadischen Regierung genutzt wurden. Die Expeditionen dienten auch dem Ziel, neue Standorte für Handelsposten zu erschließen. 1794 wurde Fort St. John, am heutigen Alaska Highway gelegen, als erste dauerhafte europäische Siedlung in British Columbia gegründet.

1843 errichteten die Briten das Fort Camosun auf Vancouver Island und festigten damit ihren Anspruch auf die Insel. Die britische Kronkolonie Vancouver Island wurde 1849 gegründet. Der Festlandteil wurde 1858 zur britischen Kronkolonie British Columbia. Aus Spargründen wurden diese beiden Kolonien dann am 6. August 1866 zu den Vereinigten Kolonien von Vancouver Island und British Columbia fusioniert. Für die Besiedlung, Erschließung und wirtschaftliche Entwicklung hatte die Suche nach Rohstoffen und vor allem nach Gold eine große Bedeutung. Während des Fraser- und Cariboo-Goldrausches strömten Zehntausende Menschen in das bis

dahin unbesiedelte Gebiet, sie bauten Städte und schufen Handelswege. Dabei schleppten sie aber auch Krankheiten ein, denen die Ureinwohner nicht gewachsen waren. 1862 starben rund 14 000 Indianer an den Folgen einer Pockenepidemie.

Am 20. Juli 1871 trat die Vereinigte Kolonie der kanadischen Konföderation bei und konstituierte sich als Provinz British Columbia. Im Gegenzug verpflichtete sich der neu gegründete kanadische Bundesstaat, innerhalb von zehn Jahren eine transkontinentale Eisenbahnverbindung zu schaffen. Diese Anbindung von British Columbia an das restliche Kanada war neben seiner bevorzugten Lage am Pazifik die Grundlage für die dynamische wirtschaftliche Entwicklung der Provinz. Der Seehandel mit Asien florierte, Bergbau, Holzwirtschaft und Fischerei entwickelten sich, und der Tourismus wurde zu einer bedeutenden Wachstumsbranche. Heute gehört der Großraum Vancouver zu den reichsten Regionen Kanadas.

Reiseregion Yukon

Das Yukon-Territorium grenzt im Süden an British Columbia, der Grenzverlauf entspricht dem 60. Breitengrad. Die westliche Grenze zu Alaska liegt genau auf dem 141. westlichen Längengrad. Im Osten bilden die Gipfel der Mackenzie Mountains die Grenze zum Nordwest-Territorium, und im Norden endet das Gebiet an der Beaufortsee. Das Yukon-Territorium zählt zu den dünn besiedelten Regionen Kanadas. Auf 482 443 Quadratkilometern, das sind 4,8 % der Fläche Kanadas, die etwa dem Gebiet von Deutschland, Österreich und der Schweiz entsprechen, leben gerade mal 34 000 Menschen (0,1 % der Einwohner Kanadas).

Die landschaftliche Gliederung ähnelt der von British Columbia. Zwischen zwei Gebirgszügen, den Mackenzie Mountains im Osten und den vergletscherten St. Elias Mountains mit den sich anschließenden Ogilvie Mountains im Westen, liegen ausgedehnte Hochebenen und weitere kleinere Gebirgsmassive. Größter Fluss ist der Yukon River, nach dem das Territorium benannt wurde.

Die Besiedlung des Yukon begann schon vor etwa 12 000 Jahren. Der große Fischreichtum und die riesigen Karibuherden sicherten das Überleben der Ureinwohner. Die ersten Kontakte zwischen den Yukonstämmen und

Wandern, wie hier am Lake Moraine, gehört in Kanada zu den beliebtesten Freizeitaktivitäten.

den Weißen ergaben sich Mitte des 19. Jahrhunderts. Robert Campbell, ein Angestellter der Hudson's Bay Company, erreichte als erster Europäer das Gebiet des Yukon. Er fuhr den Pelly River hinab und gründete 1848 einen ersten Handelsposten, Fort Selkirk, am Zusammenfluss von Pelly River und Yukon River. Die Begegnungen verliefen nicht immer friedlich, so zerstörten die Tlingit das Fort kurz nach dessen Errichtung. Der Stamm der Tlingit setzte dem Handelsmonopol und der Verwaltungshoheit der Hudson's Bay Company massiven Widerstand entgegen. Erst nach der verheerenden Pockenepidemie von 1862 brach die Vorherrschaft der Ureinwohner zusammen.

1869 verkaufte die Hudson's Bay Company die Nordwest-Territorien, bestehend aus dem heutigen Yukon, dem Nordwest-Territorium, dem Festland von Nunavut und den nördlichen Teilen von British Columbia, Alberta und Saskatchewan, an den jungen kanadischen Bundesstaat. Mit dem Manitoba Act wurde das heutige Yukon-Territorium ab 1870 vom 2500 Kilometer entfernten Ottawa aus verwaltet. Der Yukon war zu dieser Zeit nicht sehr interessant für die kanadische Regierung. Im Gegensatz zu den südlichen Landesteilen war das Gebiet für eine Besiedlung untauglich. Daher kam es auch nicht zu Gebietsabtretungsverträgen mit den Indianern und der Schaffung von Reservaten. In der zweiten Hälfte des 19. Jahrhunderts entwickelten sich relativ stabile Handelsbeziehungen zwischen den Stämmen der Ureinwohner und den Pelzhändlern. Auch einige Goldsucher versuchten in dieser Zeit ihr Glück im Yukon, manche waren schon während des Fraser-Canyon- und Cariboo-Goldrausches nach British Columbia gekommen und dann weiter nordwärts gezogen. Nach größeren Goldfunden wurde 1887 die erste nichtindianische Siedlung Forty Mile gegründet.

Das spektakuläre Ereignis, welches das fast vergessene Gebiet im Nordwesten Kanadas in den Mittelpunkt des allgemeinen Interesses rückte, war der sagenhafte Goldfund am Rabbit Creek. Am 16. August 1896 fand George Carmack gemeinsam mit seinen indianischen Begleitern eine reiche Goldader und löste damit den Klondike Gold Rush aus (siehe auch Tour 5). Dawson City wurde gegründet und entwickelte sich in wenigen Jahren zu einer der größten Städte Nordameri-

Die staatlichen Park-Campingplätze haben wenig Ausstattung, dafür liegen sie meist mitten in der Natur.

In den National Historic Sites wird das Leben der ersten weißen Siedler gezeigt.

kas. In der Folge des Goldrausches und der zunehmenden Bedeutung des Gebietes wurde 1898 das eigenständige Yukon-Territorium gegründet, Dawson City wurde Hauptstadt. Aber nach wenigen Jahren war der Rausch vorbei, viele Goldsucher verließen Dawson City und den Yukon, die meisten gingen ärmer als sie gekommen waren. Das Yukon-Territorium versank in der Bedeutungslosigkeit. 1920 lebten gerade mal noch 4000 Menschen im ganzen Yukon. Durch mangelhafte medizinische Versorgung, Vernachlässigung und Armut breiteten sich bei den Indianern Krankheiten aus, vor allem Tuberkulose. Jeder zweite Ureinwohner starb in den Jahren von 1900 bis 1920.

Der Zweite Weltkrieg und der Bau des Alaska Highway brachten einen neuen Boom. Tausende Bausoldaten mussten versorgt werden, manche blieben auch nach Fertigstellung des Alaska Highway im Yukon. Whitehorse entwickelte sich durch seine günstige Lage am Highway in den Folgejahren zur größten und bedeutendsten Stadt des Territoriums. 1953 wurde Whitehorse neue Hauptstadt des Yukon und löste damit Dawson City ab. Der Bau weiterer Straßen und die Schaffung der erforderlichen Infrastruktur boten gute Bedingungen zum Abbau von Bodenschätzen und zur Förderung von Erdöl. Der Tourismus hat heute im Yukon eine nicht unwesentliche Bedeutung. Größter Arbeitgeber ist jedoch der öffentliche Dienst mit 40 % Anteil an der Beschäftigung.

Reiseregion Alaska

Alaska erstreckt sich vom Pazifischen Ozean im Süden bis zum Nordpolarmeer und vom Beringmeer im Westen bis zur kanadischen Grenze. 2477 Kilometer lang ist diese Grenze zu Kanada. Vom hohen Norden verläuft sie über 1000 Kilometer schnurgerade auf dem 141. westlichen Längengrad bis zum Mount St. Elias im Südwesten des Yukon. Weiter südlich bilden die Gipfel der Coastal Mountains die Staatsgrenze. Sie trennen einen schmalen Küstenstreifen und die Inseln der Inside Passage von British Columbia ab. Im Nordwesten ist das Festland Alaskas nur etwa 85 Kilometer von Sibirien entfernt. Die Inseln Little Diomede (Alaska) und Big Diomede (Sibirien) liegen sogar nur vier Kilometer auseinander.

Man hat leicht falsche Vorstellungen von Alaskas geografischer Lage, sie entspricht in etwa Skandinavien. Anchorage liegt auf der Höhe von Oslo oder dem südnorwegischen Bergen. Der nördlichste Punkt Alaskas, Point Barrow, hat fast genau den gleichen Breitengrad wie das Nordkap in Norwegen, und der südlichste Punkt liegt auf der Höhe von Flensburg.

Mächtige Gebirgsmassive prägen das Landschaftsbild. Am Golf von Alaska, zwischen der Kenai Peninsula und den östlichen Küstenbereichen, liegen zahlreiche vergletscherte Gebirgsformationen. Etwas weiter nördlich trennt die bogenförmige Alaska Range mit dem höchsten Berg Nordamerikas, dem 6194 Meter hohen Mount McKinley, das südliche Alaska vom zentralen Plateau ab. Dieses Plateau wird im Norden durch die Brooks Range und die sich anschließende arktische Küstenebene begrenzt. Ein Drittel Alaskas liegt nördlich des Polarkreises, auf 80 % der Fläche herrscht Permafrost. Über das Land sind mehr als drei Millionen Seen verteilt, 3000 Flüsse durchziehen Alaska. Der größte ist der Yukon River, der auf einer Länge von 2500 Kilometern quer durch Alaska bis ins Beringmeer fließt.

Alaska ist der größte US-Bundesstaat. Mit einer Fläche von 1 700 138 Quadratkilometern (17,6 % der USA) ist er fast fünfmal so groß wie Deutschland oder annähernd doppelt so groß wie British Columbia. 710 000 Menschen (0,22 % der US-Bevölkerung) leben in Alaska, davon die Hälfte in den drei größten Städten Anchorage, Fairbanks und in der Hauptstadt Juneau. Nur 2 % der Fläche des Staates sind von Menschen besiedelt oder werden genutzt.

Die Besiedlung Alaskas begann vor etwa 11 500 Jahren. Über die damals noch existierende Landbrücke Beringia kamen die ersten Jäger und Sammler von Ostasien nach Alaska. Ihre Nachfahren gehören zum Stamm der Pa-

In der kurzen Vegetationsphase blüht es in den Rocky Mountains.

» TIPP

You are in Bear-Country

Die Wahrscheinlichkeit, in den Bergen oder tiefen Wäldern Westkanadas oder Alaskas auf Bären zu treffen, ist ziemlich hoch. Schwarzbären sind im ganzen Reisegebiet verbreitet. Die wesentlich scheueren Grizzlys, eine Unterart der Braunbären, bevorzugen die einsamen Regionen Westkanadas und Alaskas. Schwarzbären sind kleiner und anpassungsfähiger als die riesigen Grizzlys. Letztere erkennt man an ihrem markanten Schulterbuckel.

Mindestens genauso sehr, wie man sich eine Bärensichtung wünscht, ist man dann erschrocken, wenn solch ein gewaltiges Tier in der Wildnis plötzlich auftaucht. Dieses ungewollte Zusammentreffen kann man mit verschiedenen Vorsichtsmaßnahmen vermeiden. Auf Wanderungen in der freien Natur ist es wichtig, den potenziellen Bären unsere Anwesenheit mitzuteilen. Bärenglocken, Singen oder laute Gespräche signalisieren den Bären, dass hier Menschen sind. Die Bären werden den Kontakt meiden.

Wenn man doch unvermittelt auf einen Bären trifft, muss man ruhig bleiben. Alles andere führt zur Katastrophe. Die denkbar schlechteste Reaktion ist weglaufen. Gegen die behäbig und tapsig wirkenden Bären haben wir keine Chance. Außerdem lädt die Flucht den Bären zur Verfolgung ein. Auch das Besteigen von Bäumen ist keine Lösung, vor allem die Schwarzbären sind gute Kletterer. Besser ist es, ganz ruhig auf den Bären einzusprechen und dabei langsam den Rückzug anzutreten. Auch ein Hochhalten der Arme kann nicht schaden. Der Bär muss uns als Mensch erkennen, denn wir gehören nicht in sein Beuteschema. Sollte der Bär trotzdem näher kommen, dann hilft auch manchmal, ihm den Rucksack als »Köder« hinzuwerfen. Das lenkt ihn hoffentlich ab.

Kritisch wird es, wenn man zwischen eine Bärin und ihr Junges gerät. Dann ist fast immer mit einem Angriff zu rechnen. Bei Schwarzbären, so die Meinung der Ranger, hat man bei einem Zweikampf keine schlechten Chancen. Besonders die Nase des Bären ist empfindlich. Bei den starken Grizzlys kann Gegenwehr tödlich sein.

Das letzte Mittel ist, sich auf dem Boden zusammenzurollen, den Kopf mit den Händen zu schützen und den Angriff über sich ergehen zu lassen. Ohne schwere Verletzungen wird das aber nicht ausgehen. Deshalb ist es auch sinnvoll, ein Bärenspray mitzunehmen. Die Ranger in den Nationalparks beraten einen dazu gern.

Tausende einsame Seen sind ein Eldorado für Kanu- und Kajakfahrer.

läo-Indianer. Vor etwa 5000 Jahren kamen in einer zweiten Besiedlungswelle die Inuit-Eskimos, die sich weit oben im Norden ansiedelten. Noch 1000 Jahre später wurde die Aleuten-Inselkette besiedelt. Das Volk der Aleuten bildet die dritte große Kulturgruppe. Innerhalb dieser Völker sind in Alaska 225 Stämme anerkannt, 15 % der Bevölkerung Alaskas sind direkte Nachfahren der Ureinwohner. Das ist der höchste Prozentsatz in den USA. Die Gründe sind sicher in der späten und geringen weißen Besiedlung Alaskas und seiner Größe zu sehen.

An der Erforschung Alaskas war der dänische Seefahrer Vitus Bering maßgeblich beteiligt. Er stand im Dienst von Zar Peter I. und sollte 1728 erkunden, ob es eine Landverbindung von Asien nach Nordamerika gibt. Er durchsegelte die später nach ihm benannte Beringstraße, kam aber nicht bis zur südlichen Küste. Während einer zweiten Expedition im Jahr 1741 setzten Bering und der Russe Alexej Tschirikow als erste Europäer ihren Fuß auf den Boden Alaskas. Vier Jahre später erreichten die ersten russischen Pelztierjäger die Region. Diese Unternehmungen waren jedoch wenig profitabel, zu abgelegen und zu unerschlossen war Alaska. 1783 wurde die erste russische Siedlung auf der Insel Kodiak gegründet, und Alaska wurde zur ersten und einzigen Übersee-Kolonie Russlands. Das Interesse der Russen galt fast ausschließlich den Pelztieren, vor allem dem wertvollen Fell des Seeotters. Gnadenlos wurden diese Tiere gejagt, bis sie stark dezimiert und fast vollständig ausgerottet waren. Alaska wurde für Russland zunehmend uninteressant, nur ein paar Trapper und Pelzhändler sowie einige russisch-orthodoxe Missionare waren noch tätig. Auch die Entfernung war kaum zu beherrschen, von Sankt Petersburg dauerte die Reise bis nach Alaska mehr als ein halbes Jahr. Um die Staatskasse nach dem Krimkrieg wieder aufzufüllen, entschloss sich der russische Kaiser Alexander II. zum Verkauf.

Nach langen Verhandlungen unterzeichneten am 30. März 1867 der US-Außenminister William H. Seward und der russische Botschafter Eduard von Stoeckl den Kaufvertrag. Alaska ging für 7,2 Millionen Dollar an die USA. Es war einer der günstigsten Landkäufe in der Geschichte. Trotzdem stand er lange in der öffentlichen Kritik. Das änderte sich 1880, als Joe Juneau an der Stelle, wo heute die nach ihm benannte Hauptstadt steht, das erste Gold in Alaska fand. In den Jahren 1897 und 1898 trafen 100 000 Abenteuerer, angelockt von den Goldfunden am Klondike, in Skagway ein und machten die kleine Siedlung in wenigen Monaten zur größten Stadt in Alaska. Selbst bis in den äußersten unwegsamen Norden, nach Nome, zog es Zehntausende Goldsucher, als dort 1899 Gold gefunden wurde. Die Gründung von Fairbanks geht ebenfalls auf Prospektoren zurück. 1902 wurde mit dem Bau der Alaska Railroad von Seward nach Fairbanks begonnen. Aus der Eisenbahnarbeiter-siedlung entstand Anchorage. Der Bergbau und die Fischerei entwickelten sich.

Während des Zweiten Weltkriegs stieg die militärische Bedeutung Alaskas. Die Japaner besetzten die Aleuten, man befürchtete den Verlust von ganz Alaska. Der Alaska Highway wurde gebaut und mehrere Militärstützpunkte errichtet. Später war es dann der Kalte Krieg und der »Feind« gegenüber der Beringstraße, mit dem die weiterhin hohe Militärpräsenz begründet wurde. Am 3. Januar 1959 wurde Alaska zum 49. Bundesstaat der USA. Als 1968 in der Prudhoe Bay Öl gefunden wurde, begann ein neues Kapitel in der Erfolgsgeschichte Alaskas. Die Erschließung dieses riesigen Ölvorkommens und der Bau der Trans-Alaska-Pipeline brachten einen wirtschaftlichen Boom. Alaska gehört heute zu den wirtschaftlich erfolgreichsten US-Bundesstaaten, wobei die Ölindustrie mit 85 % den größten Anteil an der Wirtschaftsleistung erbringt. Einmalig in den USA ist der Alaska Permanent Fund, der die Gewinne des Staates aus dem Ölgeschäft verwaltet und jährlich an die Bewohner Alaskas ausschüttet.

Die Pflanzen- und Tierwelt

Durch Westkanada und den Süden Alaskas zieht sich wie ein grünes Band auf einer Breite von über 1000 Kilometern der boreale Nadelwald. Dieser auch als Taiga bezeichnete nördliche Wald besteht aus Schwarz- und Weißfichten, amerikanischen Lärchen, Tannen, Douglasien und den typischen Sitka-Fichten. In höheren Lagen wachsen vorwiegend Kiefern. Eine einzigartige Vegetationszone findet man an den niederschlagsreichen Westhängen der Coast Mountains und vor allem an der Westküste von Vancouver Island. Hier ist

Auch im Sommer kann es in den Höhenlagen der Rocky Mountains richtig kalt werden.

Blühende Wiesen vor schneebedeckten Bergen, ein gewohntes Bild in Alaska

ein kalter Küstenregenwald der gemäßigten Breiten entstanden, wie er sonst nur noch in Neuseeland vorkommt. Mächtige, fast 1000 Jahre alte Douglasien, Riesenlebensbäume und Hemlocktannen wachsen hier – und dazwischen wuchern meterhohe Farne und Schlingpflanzen.

Nach Norden, in Richtung Yukon und Alaska, nimmt die Dichte des Waldes ab. Ausschließlich abgehärtete Bäume, die sich an die kurze Vegetationsperiode von drei bis vier Monaten und Wintertemperaturen bis –40 °C gewöhnt haben, können hier überleben. Noch tiefere Temperaturen halten lediglich Lärchen aus, die ihre Nadeln abwerfen und so eine größere Kälteresistenz besitzen. Im äußersten Norden Alaskas und des Yukon gibt es dann nur noch eine baumlose Kältesteppe, die Tundra. Sie erstreckt sich bis zum Nordpolarmeer und ist geprägt durch lange, strenge Winter und kurze, kühle Sommer. In den wenigen Sommermonaten entwickelt die Natur eine artenreiche Vegetation, die während der langen Tage des arktischen Sommers regelrecht explodiert. Unzählige Wildblumenarten, Zwergsträucher, Flechten und Moose bilden in der Tundra einen bunten Teppich, ja, teilweise sogar ein farbiges Blütenmeer.

Eine Walbeobachtung gehört zu den eindrucksvollsten Urlaubserlebnissen.

Für die meisten Touristen gehört neben der grandiosen Natur vor allem die Beobachtung von Tieren in freier Wildbahn zu den eindrucksvollsten Urlaubserlebnissen. Dabei kommt den Bären eine besondere Bedeutung zu. Neben den Eisbären, die nur im hohen Norden vorkommen und auf unseren Touren nicht beobachtet werden können, leben Zehntausende Schwarz- und Braunbären in der Tundra und Taiga. Eine Begegnung mit Bären ist immer möglich. Gut, wenn man sich dann im sicheren Wohnmobil, in einem Touristenbus (wie im Denali National Park) oder auf einer Aussichtsplattform (wie am Fish Creek in Hyder) befindet.

Bleibende Eindrücke hinterlassen die riesigen Karibuherden im Norden von Alaska oder des Yukon. Schon die kleinen Karibugruppen mit bis zu 50 Tieren, in die sich die Herden nach der Wanderung auflösen, sind beeindruckend. Wer das Glück hat, eine Karibuherde bei der Wanderung zu beobachten, wird dieses Erlebnis nie vergessen. Bis zu 100 000 Tiere schließen sich dann zusammen und ziehen Tausende Kilometer durchs Land, es ist ein unvorstellbares Naturschauspiel. Nicht weniger beeindruckend ist der amerikanische Bison. Schon sein imposanter Kopf und der mächtige Brustkorb erzeugen Respekt. Männliche Tiere können bis 900 Kilogramm schwer werden, der Bison ist das größte nordamerikanische Säugetier. An den einsamen Highways im Norden kann man mit etwas Glück eine kleine Bisonherde oder ein einzelnes männliches Tier sehen, das als Einzelgänger durch die Wildnis streift. Auch Elche sind Einzelgänger, die normalerweise in einem Gebiet bleiben, also nicht wandern. Sie sind am häufigsten in den Rocky Mountains und in der Taiga anzutreffen. Raubtiere gibt es in Kanada und Alaska in großer Zahl. Neben den schon erwähnten Bären haben Wölfe, im Norden auch Polarwölfe, Pumas, Kojoten und kanadische Luchse hier ihren Lebensraum. Selbst wenn man diese Tiere am Tag nicht zu Gesicht bekommt, am Abend und in der Nacht hört man oft das Heulen der Wölfe und Kojoten.

Was wäre eine Kanadareise ohne eine Whale Watching Tour? In der Tat sind die Westküste Vancouver Island, die Inside Passage und der Kenai Fjords National Park in Alaska hervorragend zur Walbeobachtung geeignet. Im Frühjahr und im Herbst ziehen Tausende Grau- und Buckelwale während ihrer Wanderung an der Küste entlang. Einige halten sich das ganze Jahr in den Gewässern vor Westkanada und Südalaska auf. Außer den imposanten Walen wird man bei einem Bootsausflug ganz sicher auch Delfine, Seelö-

» WISSENSWERTES

Kleine Sprachkunde der Flora und Fauna

Alaska Cotton	Wollgras
Alder	Erle
Aspen	Espe/Zitterpappel
Bald Eagle	Weißkopfseeadler
Beaver	Biber
Beluga	Weißwal
Birch	Birke
Blackfly	Kriebelmücke/kleine Stechmücke
Chinook Salmon	Königslachs
Coho Salmon	Silberlachs
Muskox	Moschusochse
Northern Pike	Nordlandhecht
Cotton Grass	Wollgras
Cow Parsnip	Bärenklau
Cranberry	Preiselbeere
Elder	Holunderbeere
Fern	Farn
Fireweed	Rosenkraut
Forgetmenot	Vergissmeinnicht
Seal	Robbe/Seehund
Fur Seal	Pelzrobbe
Golden Eagle	Steinadler
Goose	Gans
Goshawk	Habicht
Grayling	Äsche
Halibut	Heilbutt
Hemlock Spruce	Hemlocktanne
Heron	Reiher
Horsefly	Bremse
Horsetail	Schachtelhalm
Lake Trout	Saibling
Loon	Eistaucher
Lynx	Luchs
Magpie	Elster
Mallard	Stockente
Marigold	Dotterblume
Marmot	Murmeltier
Moose	Elch
Mosquito	Stechmücke
Mountain Goat	Bergziege
Northern Fulmar	Arktischer Sturmvogel
Old Man´s Beard	Altmännermoos
Pocupine	Stacheltier
Polar Bear	Eisbär
Poplar	Pappel
Ptarmigan	Schneehuhn
Raven	Rabe
Salmon	Lachs
Snowy Owl	Schneeeule
Sockeye Salmon	Rotlachs
Spruce	Fichte
Squirrel	Eichhörnchen/Erdhörnchen
Tongue	Wegerich
Trout	Forelle
Trush	Drossel
Whale	Wal
Willow	Weide
Wolverine	Vielfraß
Woodpecker	Specht

In Kanada kann man noch unberührte Natur erleben.

wen, Robben, Pinguine und eine Vielzahl Seevögel sehen. In Westkanada und Alaska gibt es eine fast einzigartige Artenvielfalt. Allein über 400 Vogelarten sind hier heimisch. Ein Höhepunkt ist wohl die Beobachtung der Weißkopfseeadler. Die majestätischen Vögel gleiten mit einer Flügelspannweite von über zwei Metern durch die Lüfte. Durch ihre kontrastreiche Färbung des Fells, ihren weißen Kopf und die breiten weißen Schwanzfächer sind sie sofort zu erkennen. Ein hervorragender Beobachtungspunkt liegt am Haines Highway. Im dortigen Alaska Chilkat Bald Eagle Preserve leben das ganze Jahr zwischen 200 und 400 Weißkopfseeadler. Was den Reisenden erwartet, hat ein Ehepaar nach seinem Urlaub so formuliert: »In den drei Wochen unserer Wohnmobilreise durch Westkanada und Alaska haben wir mehr wild lebende Tiere gesehen als in unserem ganzen bisherigen Leben zu Hause.«

Klima und Reisezeit

Das Klima in British Columbia ist sehr vielfältig. In Vancouver Island teilt der lange Gebirgsrücken der Vancouver Island Ranges die Insel in zwei Klimazonen, in den feuchten, nebligen und regenreichen Westen und den milden, sonnigen Osten. Im Westen fallen jährlich bis zu 6650 Millimeter Niederschlag, in Victoria ist es gerade mal ein Zehntel davon. Victoria steht in dem Ruf, mit milden Wintern und warmen, sonnigen Sommern das beste Klima im Westen Kanadas zu haben.

Auf den Inseln der Inside Passage, an der Westküste des Festlandes und im Golf von Alaska sorgen milde pazifische Luftmassen für ein maritimes Klima mit häufigen Niederschlägen und moderaten Wintertemperaturen. Zu dieser Klimaregion zählen auch Anchorage und die Kenai Peninsula. Dieses Klima sorgt außerdem dafür, dass die Häfen von Valdez und Seward ganzjährig eisfrei sind. Das Binnenland von British Columbia ist durch die Coast Mountains abgeschirmt. Hier herrschen heiße und trockene Sommer vor.

Im Okanagan Valley, dem wichtigsten Wein- und Obstanbaugebiet Kanadas, fallen nur 250 Millimeter Regen im Jahr. Kamloops ist die wärmste Stadt in Kanada, durchschnittliche Temperaturen von 28 °C in den Sommermonaten und kaum Niederschlag lassen die Gegend vertrocknet und wüstenähnlich wirken. In den Rocky Mountains dann das typische Hochgebirgsklima. Durch den vorherrschenden Westwind stauen sich die Wolken vom Pazifik an der Westseite und regnen sich dort ab. An der Ostseite, also auch in den Nationalparks Banff und Jasper, ist es deshalb trockener und sonniger als an der Westflanke. Mit Wetterumschwüngen und extremen Situationen muss man trotzdem immer rechnen, auf dem Icefields Parkway kann es bis Juni und ab September schneien.

Im Norden von British Columbia beginnt das subarktische Klima, welches sich im Yukon und nördlich der Alaska Range fortsetzt. Lange, kalte, schneereiche Winter und kurze, relativ trockene Sommer sind typisch für diese Gegend. In Alaska beginnt nördlich der Brooks Range das arktische Klima, was oftmals fälschlicherweise für ganz Alaska erwartet wird. Lange und extrem kalte, dunkle Winter und kurze Sommer, in denen die Temperaturen kaum über den Gefrierpunkt steigen, Trockenheit und arktische Winde kennzeichnen dieses extreme Klima.

Die Sommersaison beginnt in Kanada offiziell am »Victoria Day«, das ist der vorletzte Montag im Mai, und dauert bis zum »Labour Day« am ersten Septembermontag. Außerhalb dieser Zeit muss man mit einem eingeschränkten touristischen Angebot rechnen, das heißt Campingplätze, Ausflugsgaststätten, Museen, Lifte etc. können noch bzw. schon geschlossen sein. Im Süden von British Columbia und auf Vancouver Island kann man im Juni schon recht gutes Wetter erwarten, die Urlaubsziele sind auch noch nicht so überlaufen. In den Rocky Mountains kann es zu diesem Zeitpunkt recht kalt sein, Wanderwege sind teilweise noch schneebedeckt.

Die klimatisch besten Reisemonate sind Juli und August. Das schöne Wetter muss

Die zahlreichen Visitor Informations Center bieten beste Tipps, Karten und Infomaterial.

Parade der Royal Canadian Mounted Police

man sich dann aber mit vielen anderen Touristen teilen, Campingplätze können überfüllt sein, und die Preise, auch für das gemietete Wohnmobil, ziehen an. Im September wird es wieder ruhiger. Für eine Reise im komfortablen Wohnmobil ist dieser Monat ebenfalls noch geeignet, wenn auch die Tage kürzer werden und leichte Nachtfröste möglich sind. Das trifft besonders auf die Rocky Mountains, den Denali National Park und den Taylor & Top of the World Highway zu.

Auch nach Alaska kann man, unter den vorgenannten Einschränkungen, zwischen Mitte Juni und Mitte September reisen. Das gilt besonders für Südalaska, also Anchorage, die Kenai Peninsula oder Valdez. Scherzhaft wird in Alaska oft der Spruch von den vier Jahreszeiten »Juni, Juli, August und Winter« benutzt. Zumindest stimmt er in Bezug auf die Mückenplage im Norden. Im September, also im »Winter«, haben sich die lästigen Insekten endgültig verabschiedet. Vielleicht ist das auch ein Kriterium bei der Entscheidung für die richtige Reisezeit.

Die Warnungen vor Wildtieren sind sehr ernst zu nehmen.

Campingmöglichkeiten

Camping, vor allem mit RV (Recreational Vehicle) oder Trailer (Wohnanhänger), hat in Kanada und den USA eine lange Tradition und ist sehr beliebt. Nur wenige Länder haben eine so hervorragende Camping-Infrastruktur, dazu kommt, dass in der endlosen Weite des Nordens wie auch in vielen Regional- und Stateparks gar keine andere Möglichkeit zur Übernachtung vorhanden ist. Das riesige Angebot an Campingplätzen lässt sich grob in staatliche und private (kommerzielle) Campingplätze unterteilen.

Allgemein gilt, dass die staatlichen Plätze großzügiger angelegt sind und sich meist in herrlichen Naturlagen befinden. Zum jeweiligen Stellplatz gehören fast immer ein Picknicktisch, eine Feuerstelle und ein Grillrost. Feuerholz steht, im Yukon teilweise sogar kostenlos, zur Verfügung. Die Preise sind moderater als auf den privaten Plätzen. Dafür muss man mit Einschränkungen in der Ver- und Entsorgung des Mobils und bei den sanitären Einrichtungen rechnen. Manche Plätze haben keinen Strom- oder Trinkwasseranschluss. Auf den staatlichen Plätzen im Yukon gibt es keine Dump Stations. Für Wohnmobilreisende sind diese Einschränkungen aber weniger dramatisch, man ist ja für einige Tage autark. Die Abrechnung erfolgt meist pro Stellplatz im »Self Registration«-Verfahren. Dazu wird eine Anmeldung ausgefüllt und zusammen mit der Gebühr in eine Box eingeworfen. Es ist also gut, immer einige kleine Scheine parat zu haben, auf manchen Plätzen kann man auch seine Kreditkartennummer angeben. Staatliche Campingplätze findet man vor al-

» SPECIAL – ROUTENKOMBINATION

Reiseplanung mit dem Tourenbuch

Die im vorliegenden Reisebuch beschriebenen Touren sind so gelegt, dass die Anreise mit dem Flugzeug sowie die Anmietung und Abgabe des Wohnmobils problemlos möglich sind. Natürlich kann man die Touren auch mit einem normalen Pkw fahren, wenn man eine Campingausrüstung dabei hat. Viele der aufgeführten Campingplätze bieten auch Hütten zur Übernachtung an. Alle beschriebenen Routen können mit einem normalen Fahrzeug ohne Allrad oder mit einem Wohnmobil mittlerer Größe befahren werden. Trotzdem sollte man sich für die wenigen unbefestigten Strecken die Genehmigung des Vermieters schriftlich bestätigen lassen. Dazu zählen der nördliche Teil des Cassiar Highway 37 ab Meziadin Junction (Tour 2) und der Taylor & Top of the World Highway (Tour 5). Einige Vermieter in British Columbia stufen auch den Alaska Highway nördlich von Fort St. John als Gravelroad ein. Dafür verlangen sie dann einen Nordzuschlag, bei Anmietung im Yukon oder in Alaska ist dieser Zuschlag oftmals im Mietpreis enthalten.

Routenkombination

Bei der Zusammenstellung der Touren in diesem Buch wurde besonders großer Wert auf die Kombinationsmöglichkeit verschiedener Touren gelegt. Wenn jetzt noch die Frage nach der bevorzugten Reiseregion beantwortet ist, kann es losgehen mit der Reiseplanung. Nachfolgend sind einige Vorschläge und Routenkombinationen zusammengestellt, die sich an der zur Verfügung stehenden Zeit orientieren.

2 Wochen Zeitbedarf

Kurze Inseltour Vancouver Island (Tour 2 – kurze Version).
Ab Vancouver nach Vancouver Island und über Nanaimo zurück nach Vancouver. Anmietung und Rückgabe des Wohnmobils in Vancouver. Bei dieser Tour bleibt genügend Zeit, um noch ein bis zwei Tage in Vancouver zu verbringen.

Yukon-Rundtour mit 2 x Alaska (Tour 5 und partiell Tour 3)
Ab Whitehorse nach Tetlin Junction und dann die Yukontour komplett bis Whitehorse. Anmietung und Rückgabe des Wohnmobils in Whitehorse. Den Abstecher nach Skagway und Haines kann man als Zeitpuffer betrachten.

Alaska-Rundtour (Tour 4 mit Zusatzstrecke Whittier/Anchorage–Tok)
Alaska-Rundfahrt ab Anchorage. Anmietung und Rückgabe des Wohnmobils in Anchorage. Alternativ könnte man die Tour 4 auch in Fairbanks beginnen.

3 Wochen Zeitbedarf

Klassische Westkanadatour von Vancouver durch die Rocky Mountains (Tour 1)
Westkanada-Basistour ab Vancouver. Anmietung und Rückgabe des Wohnmobils in Vancouver oder alternativ in Calgary möglich (Entfernung Calgary–Banff 120 km).

3 bis 4 Wochen Zeitbedarf

Klassische Westkanadatour in die Rocky Mountains und kurze Inseltour Vancouver Island (Tour 1 und Tour 2 – kurze Version)
Westkanada-Basistour in die Rocky Mountains, dann ab Vancouver nach Vancouver Island und über Nanaimo zurück nach Vancouver. Anmietung und Rückgabe des Wohnmobils in Vancouver oder alternativ in Calgary möglich.

Durch die Rocky Mountains und auf dem Alaska Highway bis in den hohen Norden (partiell Tour 1 und Tour 3)
Start in Calgary, Rocky Mountains, Jasper, Tête Jaune Cache, Prince George, Dawson Creek, Alaska Highway bis Whitehorse (evtl. Abstecher von Whitehorse nach Skagway/Haines und zurück). Anmietung des Wohnmobils in Calgary, Rückgabe Whitehorse. Die Strecken Calgary–Banff (120 km) und Tête Jaune Cache–Prince George (270 km) sind nicht beschrieben!

Vancouver Island mit Inside Passage und auf dem Cassiar-/Alaska Highway bis Whitehorse (Tour 2 und partiell Tour 3)
Vancouver, Vancouver Island, Inside Passage, Prince Rupert, Steward/Hyder, Watson Lake, Whitehorse (evtl. Abstecher von Whitehorse nach Skagway/Haines und zurück). Anmietung des Wohnmobils in Vancouver, Rückgabe Whitehorse.

4 bis 5 Wochen Zeitbedarf

Große Rundtour durch Alaska und den Yukon (Tour 4 mit Zusatzstrecke und Tour 5)
Anmietung des Wohnmobils und Rückgabe in Whitehorse, Anchorage oder Fairbanks möglich.

Klassische Westkanadatour durch die Rocky Mountains, Vancouver Island mit Inside Passage und auf dem Cassiar-/Alaska Highway bis Whitehorse (Tour 1, Tour 2 und partiell Tour 3)
Westkanada-Basistour ab/bis Vancouver, Vancouver Island, Inside Passage, Prince Rupert, Steward/Hyder, Watson Lake, Whitehorse (evtl. Abstecher von Whitehorse nach Skagway/Haines und zurück). Anmietung des Wohnmobils in Vancouver, Rückgabe in Whitehorse.

Kurze Inseltour Vancouver Island, durch die Rocky Mountains und auf dem Alaska Highway bis Whitehorse (Tour 2 – kurze Version, partiell Tour 1 und Tour 3 bis Whitehorse)
Vancouver, Vancouver Island, über Nanaimo zurück nach Vancouver, Rocky Mountains, Jasper, Tête Jaune Cache, Prince George, Dawson Creek, Alaska Highway bis Whitehorse (evtl. Abstecher von Whitehorse nach Skagway/Haines und zurück). Anmietung des Wohnmobils in Vancouver, Rückgabe in Whitehorse. Die Strecke Tête Jaune Cache–Prince George (270 km) ist nicht beschrieben!

Manche Kanadier sind mit abenteuerlichen Wohnmobilen unterwegs.

lem in den National-, Provincial-, Territorial- und Stateparks, aber auch die Plätze des Forest Service und die regionalen Stellplätze der Städte und Landkreise (Municipal-/Countycamping) gehören dazu.

Viele Campingmöglichkeiten, die im Anhang der Touren aufgeführt werden, sind staatliche Plätze. Wenn wir die Wahl hatten, dann haben wir uns immer für diese entschieden. An den privaten Campingplätzen kommt man aber trotzdem nicht vorbei. In manchen Städten wie Vancouver oder in der Nähe der Fährhäfen gibt es keine Alternative. Manchmal muss man auch einen privaten Platz zur Ver- und Entsorgung aufsuchen. Die privaten Plätze haben meist einen besseren Sanitärkomfort und bieten fast immer »Full Hook-up« (Wasser, Abwasser und Strom am Stellplatz), dafür sind sie teurer, die einzelnen Stellplätze sind nicht so großzügig bemessen, und oftmals sind die Plätze auch nicht so idyllisch gelegen. In der Hochsaison und vor allem an touristischen Schwerpunkten wie Vancouver oder Banff ist eine Reservierung vorteilhaft. Am einfachsten ist dies über das Internet möglich:

- Nationalparks Kanada: www.parkscanada.ca bzw. www.reservation.pc.gc.ca
- Provincialparks British Columbia: www.env.gov.bc.ca/bcparks
- Territorialparks Yukon: Info unter www.env.gov.yk.ca (keine Reservierung möglich)
- National- und Stateparks Alaska: www.nps.gov
- Private Campingplätze in Kanada und den USA: www.campcanada.com

Alle Informationen über Camping- und Reservierungsmöglichkeiten bekommt man auch in den Visitor-Informationen.

Sparen kann man bei den Campingplatzgebühren mit den typisch amerikanischen Rabattsystemen. Das bekannteste ist Passport America (www.passportamerica.com). Für 44 $ Gebühr erhält man ein Jahr lang 50 %

Rabatt auf allen teilnehmenden Campingplätzen. Das sind in ganz Nordamerika über 1800, in British Columbia ist das Angebot mit 16 und in Alaska mit fünf Plätzen eher überschaubar. Aber auch die großen Campingplatzketten wie Good Sam Club (www.goodsamclub.com) und KOA (www.koa.com) bieten Rabattsysteme für Mitglieder an.

Das Campen oder Übernachten im Wohnmobil außerhalb von Campingplätzen ist in Kanada und den USA fast nicht möglich. In Nationalparks, in Ortschaften und auf Privatland ist es absolut verboten. Auch überall dort, wo extra Hinweisschilder (zum Beispiel »No Overnight Parking«) aufgestellt wurden, ist es streng verboten. Die Polizei kontrolliert und verteilt auch Strafen. Trotzdem gibt es Möglichkeiten, im Ausnahmefall frei zu übernachten, wenn man einige Einschränkungen in Kauf nimmt.

Auf vielen Walmart-Parkplätzen darf man im Wohnmobil übernachten. In jedem Fall sollte man an der Kundeninformation bzw. beim Centermanagement vorher fragen und dann im hinteren Bereich der teilweise riesigen Parkplätze stehen. An einigen Highway-Raststätten ist das Übernachten ebenfalls erlaubt. Dazu zählen auch die Rest-Areas der »Flying G«-Kette in British Columbia. Auch hier ist unbedingt vorher beim Management die Erlaubnis einzuholen. Erholsam ist es jedoch in den wenigsten Fällen, weil die Trucks oder deren Kühlaggregate die ganze Nacht über laufen.

Weitere kostenlose oder günstige Camping- oder Übernachtungsmöglichkeiten sind unter www.freecampsites.net aufgelistet. Normalerweise darf man auch in der Einsamkeit der National Forests und in Alaska auf Public Lands mit dem Wohnmobil stehen, aber diese Möglichkeit bleibt wohl eher den Einheimischen vorbehalten, die sich genau auskennen. An den einsamen Highways im Norden findet sich abseits der Straße auch manch schöner Übernachtungsplatz. Man sollte dann aber nicht ängstlich sein und aus Sicherheitsgründen darauf achten, dass man von der Straße aus nicht gesehen wird.

Auf dem Icefield Parkway durch die Rocky Mountains

Der Yukon ist erreicht.

» DIE ROUTEN

1 VON VANCOUVER IN DIE ROCKY MOUNTAINS

Nationalparks, Panoramastraßen, Gletscher – Natur pur im Südwesten Kanadas

Start- und Endpunkt: Vancouver (BC) **Alternativ:** Die Tour kann auch von/bis Calgary (Al) oder als Teilstrecke (One Way) von Calgary bis Vancouver durchgeführt werden. **Beste Jahreszeit:** Anfang Juni bis Mitte September **Streckenlänge ohne/mit Abstecher:** 2305 km/2591 km **Fahrzeit:** 3 Wochen **Anschlussrouten/Kombination:** Ab Prince George Tour 3

Auf dieser ersten Tour besuchen wir die schönsten Nationalparks im Südwesten Kanadas. Von Vancouver aus fahren wir auf Panoramastraßen entlang tiefblauer Seen in die Rocky Mountains. Über den Rogers Pass im Glacier National Park erreichen wir Banff, den Hauptort des gleichnamigen Nationalparks. Hier erleben wir Natur pur und über den Icefields Parkway geht es weiter in den Jasper National Park mit Gletschern, Wasserfällen und eindrucksvollen Bergpanoramen. Der Fraser Canyon Highway und das Höllentor (Hell's Gate) sind weitere Höhepunkte auf dieser Rundtour, bevor wir wieder Vancouver erreichen.

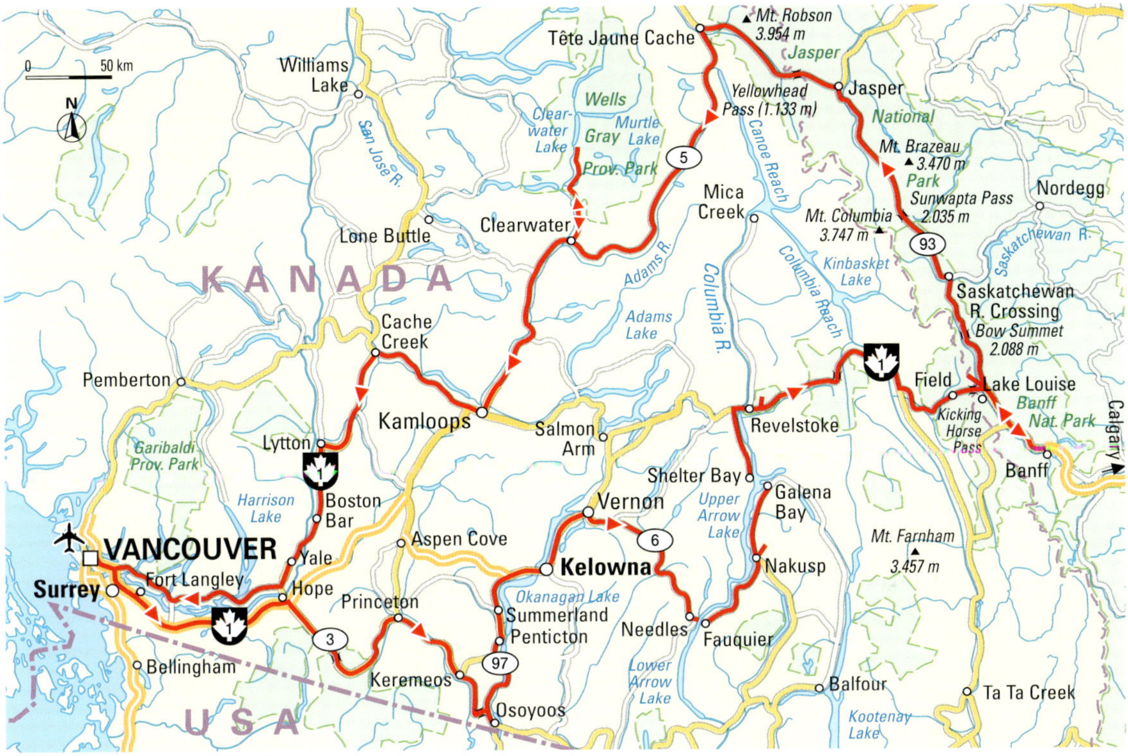

Unsere erste Tour beginnt in Vancouver, einer der schönsten Städte Kanadas, die nicht ohne Grund fast jährlich in die Top Drei der Großstädte mit der höchsten Lebensqualität weltweit gewählt wird. Schon ihre Lage zwischen Küstengebirge, dem Fraser River und der Straße von Georgia macht sie attraktiv. Noch mehr begeistern uns aber die quirlige Innenstadt mit Szenekneipen und schicken Läden, die liebevoll restaurierte Altstadt Gastown, die mit ihren Backsteinbauten einen gelungenen Kontrast zu den verspiegelten Hochhäusern bildet, und die gepflegten Parks und Grünanlagen. Die Bevölkerung Vancouvers setzt sich aus vielen ethnischen Kulturen und Religionen zusammen. Gemeinsam mit den indianischen Ureinwohnern entstand ein multikultureller Mix, der heute als Markenzeichen Vancouvers gilt. Der größte Anteil der Einwanderer kam Ende des 19. Jahrhunderts aus China, und so verwundert es auch nicht, dass sich in Vancouver das drittgrößte Chinatown Nordamerikas entwickelt hat. Beim Bummeln durch die engen Straßen und die verwinkelten Läden fühlt man sich wirklich wie in Asien, und der Duft von exotischen Gewürzen macht Appetit auf einen Imbiss oder ein Essen in einem der recht authentischen Restaurants.

Vancouver hat genügend Interessantes für eine ganze Woche zu bieten, aber so viel Zeit haben wir nicht. Wir wollen die grandiose Natur in Westkanada erleben. Uns bleibt die Hoffnung, dass wir am Ende dieser Rundreise vielleicht noch etwas Zeit für Vancouver haben werden.

Von Vancouver ins Okanagan Valley

Wir verlassen Vancouver auf dem Highway 1, dem Trans-Canada Highway, in Richtung Osten. Der vierspurig ausgebaute Highway führt durch das breite und fruchtbare Tal des Fraser River. Ca. 45 Kilometer östlich von Vancouver passieren wir die Abfahrt zur Fort Langley National Historic Site. 1827 wurde dieser Handelsposten der Hudson's Bay Company gegründet. Er diente in den ersten Jahren vorrangig dem Handel mit der indianischen

Die moderne Skyline Vancouvers vom SeaBus aus gesehen.

Links: Die mit Dampf betriebene Steam Clock ist eine Attraktion in Vancouvers Altstadt Gastown.

Rechts: Osoyoos liegt am gleichnamigen See.

Bevölkerung sowie als Warenlager und Verteilzentrum. Biber- und Seeotterfelle waren das wichtigste Handelsgut, später dann auch Lachse und landwirtschaftliche Erzeugnisse, die auf der zum Fort gehörenden Farm produziert wurden. Als 1858 der Fraser-Canyon-Goldrausch ausbrach, versorgte das Fort bis zu 30 000 nach Norden ziehende Goldsucher. Danach wurde es ruhig um das Fort Langley und es verfiel zusehends. Seit 1923 wird es als National Historic Site von Parks Canada betreut. Im rekonstruierten Palisadenfort kann man heute acht Gebäude besichtigen, wobei nur noch das alte Lagerhaus im Originalzustand von 1840 erhalten ist. Im Sommer finden täglich historische Vorführungen statt. Auf der Flussinsel (McMillan Island) im Brae Island Regional Park liegt der große Fort Campground.

Nur noch wenige Kilometer sind es bis Hope, dem kleinen beschaulichen Städtchen, idyllisch zwischen Seen, Bergen und dem Fraser River gelegen. Zu Filmruhm kam Hope, als hier 1981 »Rambo – First Blood« gedreht wurde. Darauf sind die Hopianer noch heute stolz. Eine traurige Berühmtheit erlangte Hope am 9. Januar 1965. Ein Erdbeben löste einen gewaltigen Bergrutsch, den »Hope Slide«, aus. Innerhalb weniger Sekunden donnerten 46 Millionen Kubikmeter Steine, Erde und Geröll ins Tal des Nicolum Creek und begruben drei Kilometer des Highway unter sich. Der 2000 Meter hohe Berg, der das Tal im Norden begrenzte, brach regelrecht in sich zusammen. Unter 80 Meter hohem Geröll liegen noch heute Autos und zwei Opfer dieser Naturkatastrophe begraben. Der Highway 3, dem wir ab Hope folgen, führt uns nach 15 Kilometern direkt am Ort der Katastrophe vor-

» SPECIAL – VANCOUVER

Vancouver – moderne Metropole zwischen Bergen und Meer

Vancouver ist eine der attraktivsten und interessantesten Metropolen an der pazifischen Westküste. Die Stadt hat gerade mal etwas über 600 000 Einwohner, wobei im Großraum von Vancouver über 2,3 Millionen Menschen leben. Damit ist dieser Ballungsraum nach Toronto und Montreal der drittgrößte in Kanada. Die bunt gemischte Bevölkerung Vancouvers ist stolz auf »ihre« Stadt. Wo sonst auf dieser Welt, so fragen die Bewohner augenzwinkernd, kann man am Morgen in den nahen Bergen Ski fahren, mittags segeln oder schwimmen und am Abend vornehm ausgehen. Die bevorzugte Lage der Stadt auf der Burrard-Halbinsel zwischen den Coast Mountains und der Straße von Georgia übt einen geradezu magischen Reiz aus. Die Stadt ist umgeben von Parks und Naherholungsgebieten, und zahlreiche Outdoor-Aktivitäten sind in ihrem unmittelbaren Umland oder im wilden Hinterland von British Columbia möglich.

Ein kurzer geschichtlicher Überblick

Archäologische Funde deuten darauf hin, dass die Küste an der Mündung des Fraser River schon vor 9000 Jahren von indianischen Ureinwohnern besiedelt wurde. Als 1792 der britische Kapitän George Vancouver die Gewässer der Straße von Georgia erkundete und das Land für die britische Krone in Besitz nahm, lebten in diesem Gebiet über 20 indianische Stämme. 1808 erreichte der Pelzhändler Simon Fraser die Gegend, nachdem er den später nach ihm benannten Fluss über 1368 Kilometer von den Rocky Mountains bis an die Küste erkundet hatte. Aber erst 50 Jahre später gründeten Goldsucher die erste Siedlung. Vor allem mit Forstwirtschaft und Sägemühlen ließ sich Geld verdienen, und so kamen immer mehr Glücksritter und erfolglose Goldsucher in die Gegend. Auch John Deighton war dabei, der bei seinem Eintreffen ein Fass Whisky im Gepäck hatte. Er eröffnete den ersten Saloon. Wegen seiner redseligen Art war er unter dem Spitznamen Gassy Jack (geschwätziger Jack) bekannt. Die Gegend um seine Bar wurde deshalb Gastown genannt, und dieser Name hat sich bis heute für die Altstadt behauptet. Am 06. April 1867 wurde die Stadt offiziell als Vancouver gegründet, aber noch im selben Jahr vernichtete ein verheerendes Feuer die junge Siedlung. Einer außer Kontrolle geratenen Brandrodung fielen über 1000 Holzhäuser zum Opfer. In den folgenden Jahren entwickelte sich Vancouver sehr dynamisch, begünstigt durch den natürlichen Hafen und die Canadian Pacific Railway, die Vancouver zu ihrem westlichen Endpunkt der transkontinentalen Eisenbahnlinie bestimmt hatte. Mit dem Bau der Eisenbahn kamen viele chinesische Arbeiter in die Stadt, die hier sesshaft wurden und umfangreiche Handelsbeziehungen mit Asien aufbauten. Ab 1887 gab es eine regelmäßige Schiffsverbindung der Canadian Pacific Line von Vancouver zu fernöstlichen Häfen.

Vancouver heute

Vancouver wächst weiter und es scheint kein Halten zu geben. Einen massiven Innovationsschub erhielt die Stadt mit der Weltausstellung Expo 1986. Architektonische Glanzstücke wie das an ein riesiges Segelschiff erinnernde Kongresszentrum Canada Place oder die nach der Expo gebauten 65 gläsernen Hochhäuser am False Creek/Concord Pacific Place veränderten die Skyline der Stadt. Mit dem SkyTrain erhielt Vancouver ein hochmodernes Stadtbahnsystem. Die Olympischen Winterspiele 2010 hatten dann für die Entwicklung und den Bekanntheitsgrad der Stadt eine mindestens ebenso große Bedeutung wie die Expo.

Stadtbesichtigung

In Vancouver braucht man kein ausgefeiltes Besichtigungsprogramm. Es ist viel schöner, wenn man sich in dieser pulsierenden Stadt treiben lässt. Einen Citybummel könnte man in Downtown beginnen. Hier laden die Robson Street zum Flanieren, die riesige Pacific Center Mall zum Einkaufen und die Vancouver Art Gallery zum Kunstgenuss ein. Ein kleiner Spaziergang führt uns zum Canada Place, wo sich neben der Anlegestelle für Kreuzfahrtschiffe der Kanadische Pavillon der Expo befindet. Von hier haben wir eine schöne Aussicht auf den Hafen, die Berge und das Meer. Den richtigen Über-

» SPECIAL – VANCOUVER

blick bekommen wir dann vom 167 Meter hohen Harbour Tower. Es ist nach dem Living Shangri-La Tower das zweithöchste Gebäude in Vancouver. In weniger als einer Minute ist der Vancouver-Lookout im 40. Stockwerk erreicht. Das Ticket ist übrigens einen ganzen Tag gültig, sodass man Vancouver auch noch mal bei Nacht von oben erleben kann.
Nur wenige Schritte sind es von hier bis in die historische Altstadt Gastown. Bis in die 70er-Jahre war dieser Stadtteil ziemlich heruntergekommen, wurde dann aber umfassend saniert und neu belebt. Zahlreiche Souvenirläden, Boutiquen, Bars und Restaurants sehen vor allem die zahlreichen Touristen als Zielgruppe. Amüsant ist es trotzdem, in den gepflasterten, mit Gaslaternen gesäumten Straßen zu bummeln. Verpassen sollte man auf keinen Fall die mit Dampf betriebene Steam Clock (Ecke Water Street und Cambie Street), die Statue von Gassy Jack auf dem Whiskyfass (Maple Tree Square) und das älteste Hochhaus der Stadt in der 207 West Hastings Street. Das Dominion Building wurde 1908 fertiggestellt und ist das erste Hochhaus der Stadt, bei dem die Stahlskelettbauweise angewendet wurde.
Nur zwei Blocks weiter steht man schon mitten in Chinatown. Der große bunte Torbogen in der Pender Street markiert den Eingang zu einer anderen Welt. Es herrscht eine exotisch anmutende Geschäftigkeit, überall wird Chinesisch gesprochen, es gibt kaum englische Beschriftungen an den Läden oder Restaurants, und die Gebäude mit ihren Balkonen und ornamentalen Vordächern runden das Bild ab. Die größte Attraktion sind wohl die Geschäfte. Besonders die Angebote in den Fleischverkaufsstellen sind mehr als gewöhnungsbedürftig, und der Besuch einer chinesischen Apotheke hinterlässt bleibende Eindrücke. Eine kleine Oase der Ruhe findet man im Dr. Sun Yat-Sen Classical Chinese Garden, der zur Expo von chinesischen Landschaftsarchitekten gestaltet wurde.

Weitere Ziele

Sofern genügend Zeit vorhanden ist, sollte man den stadtnahen Stanley Park nicht auslassen. Bei einer Wanderung durch den Park, einer Radtour auf der Seawall Promenade (Fahrradverleih, auch stundenweise z. B. bei Bayshore Rentals) oder einer Fahrt mit dem Stanley Park Shuttle kann man den teilweise noch erhaltenen Urwald im Westteil des Parks, das Vancouver Public Aquarium und den Brockton Point mit einer Gruppe hoher Totempfähle erkunden. Von der Seawall Promenade hat man immer wieder einmalige Ausblicke auf die schönste Skyline Nordamerikas.
Granville Island, eine künstlich aufgeschüttete Halbinsel, diente lange Zeit als Industriestandort, bis dann ab 1970 die mittlerweile brachliegenden Fabrikanlagen neu genutzt wurden. Es entstand ein In-Viertel der Stadt und das »Herz Vancouvers«. Besonders interessant ist der große Markt. Erreichen kann man die Halbinsel mit dem Aquabus ab Hornby Street.

Tipps

Der SkyTrain, 1986 zur Expo in Betrieb genommen, verbindet auf rund 70 Kilometern das Zentrum mit den östlichen Vororten und dem Airport. Eine Fahrt mit dieser Hochbahn lohnt sich auch wegen der atemberaubenden Ausblicke auf tiefblaue Fjorde, schneebedeckte Berge und die Skyline von Vancouver. Statt Einzeltickets für den Nahverkehr in Vancouver zu kaufen, bietet es sich an, einen DayPass zu erwerben. Er kostet $ 9,75 und berechtigt für die unlimitierte Benutzung aller Stadtbusse, Bahnen inkl. des SkyTrains und der SeaBus-Fähre nach North Vancouver.
Mit dem Wohnmobil in Vancouver zu parken, ist nicht ganz unkompliziert. Entweder man sucht sich in den östlichen Vororten einen Parkplatz und fährt dann mit dem SkyTrain in die City oder man parkt in North Vancouver und nutzt den SeaBus nach Downtown.
Camping ist in Vancouver recht teuer. Als stadtnahe Plätze bieten sich der Capilano River RV Park oder der Burnaby Cariboo RV Park, erreichbar über den Highway 1, Ausfahrt 37, an. Günstiger und auch ruhiger sind die Plätze in Surrey, zum Beispiel der Plaza RV Park oder der Parkcanada RV Park in unmittelbarer Nähe zum Fährableger Tsawwassen. Letzterer empfiehlt sich besonders als Ausgangspunkt für die Tour 2.

Abendstimmung auf dem Campingplatz des Haynes Point Provincial Park

bei. Von einem Aussichtspunkt und an Informationstafeln kann man sich über dieses Unglück informieren. Der Highway verläuft heute etwa 55 Meter hoch über dem Geröll des Erdrutsches.

Wir fahren weiter auf dem Highway 3 und erreichen den Manning Provincial Park. Hier überqueren wir den 1352 Meter hohen Allison-Pass. Der Park bietet eine Mischung aus Seen, Wäldern und Bergen. Obwohl der Highway mitten durch den Park verläuft, sollte man sich doch etwas Zeit nehmen und eine kleine Wanderung einplanen. Im Visitor Centre im östlichen Parkbereich erhält man alle notwendigen Informationen. Kleine Wanderungen beginnen in der Nähe des Centers oder man fährt die Stichstraße (gegenüber Manning Park Resort) hinauf zum Cascade Lookout/Blackwall Peak und genießt einen herrlichen Ausblick bis zu den schneebedeckten Gipfeln der Cascade Range in den USA. Am Lightning Lake befindet sich der größte Campingplatz des Parks. Hier beginnen einige leichte Rundwanderwege um den See, aber auch der etwas anspruchsvollere Frosty Mountain Trail zum höchsten Berg des Parks (2423 m).

Wir verlassen den Park und fahren über Princeton und Keremeos nach Osoyoos. Unzählige bunte Obstverkaufsstände entlang der Straße kündigen die Nähe des wichtigsten Obstanbaugebietes Kanadas an. In Osoyoos ist es heiß und trocken. Mit gerade mal 250 Millimetern Niederschlag im Jahr herrscht hier ein wüstenähnliches Klima. Eidechsen, Schlangen, Skorpione, Taschenratten, kleine Kakteen und spärliche Sträucher findet man hier, und darüber hinaus 23 Arten von wirbellosen Tieren, die sonst nirgendwo auf der Welt vorkommen. Mehr Informationen über dieses kleine Wüstengebiet bekommt man im Desert Centre oder im schicken, von Osoyoos-Indianern betriebenen Nk'Mip Desert Culture Centre, das östlich der Stadt am Highway 3 liegt. Hier kann man auch Klapperschlangen bestaunen.

Wer gern in warmem Wasser schwimmen möchte, kommt im Osoyoos Lake voll auf sei-

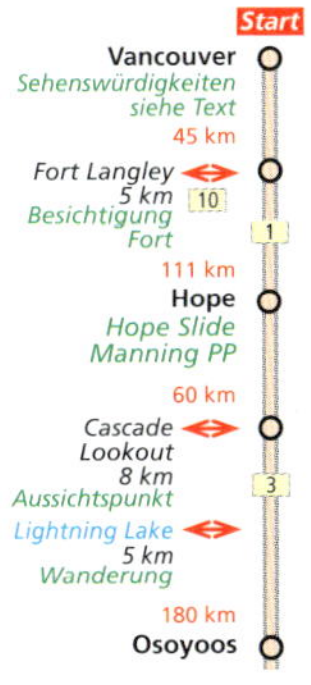

Das milde Klima und die herrliche Landschaft machen die Gegend um den Okanagan Lake zu einem begehrten Urlaubsziel.

ne Kosten. Er ist einer der wärmsten Badeseen Kanadas. Auf einer weit in den See hineinragenden Halbinsel befindet sich der Haynes Point Provincial Park. Der zum Park gehörende Campingplatz hat fast ausschließlich Stellplätze am Wasser und ist sehr zu empfehlen.

Ab Osoyoos nehmen wir den Highway 97 nach Norden. Bis Oliver dominiert die wüstenähnliche Landschaft, hier als Pocket Desert bezeichnet. Danach wird es grüner. Der Highway 97 verläuft jetzt nahe am östlichen Ufer des Vaseux Lake, dann folgt er dem Skaha Lake und in Penticton schließt sich der 110 Kilometer lange Okanagan Lake an. Um 1900 wurden die Produkte der Obstfarmen mit einer ganzen Flotte Schaufelraddampfer auf dem See verschifft. Erst 1935 wurde die Straße fertiggestellt. Einer der Raddampfer, die »S. S. Sicamous« liegt als Museum am Lakeshore Drive Way in Penticton. Auf dem großen Parkplatz direkt vor dem Museum kann man gut parken und sich bei einem kleinen Spaziergang auf der Uferstraße von der langen Autofahrt erholen. Wer es etwas maritimer liebt, der kann sich auf dem Okanagan River Channel auf Autoschläuchen flussabwärts treiben lassen. Zwei Stunden dauert der Spaß und wird von Coyote Cruises angeboten (inklusive Rücktransport).

Der Highway 97 verläuft ab hier bis nach Kelowna, der größten Stadt im Valley, immer nahe am westlichen Ufer des Okanagan Lake. Wir fahren durch das fruchtbarste Obstanbaugebiet Kanadas. In den vergangenen Jahrzehnten hat sich hier auch der Weinan-

bau gut entwickelt, aber der neueste Trend ist Ginseng. Immer öfter sieht man jetzt die mit großen Planen abgedeckten Felder, auf denen die breitblättrigen Gesundheitspflanzen wachsen. Wir fahren durch Summerland und Peachland, Orte, deren Namen schon nach Urlaub und schönem Wetter klingen. Die Gegend wird oft mit dem Gardasee verglichen, und das fast schon mediterrane Klima zieht vor allem Pensionäre an, die sich hier ihren Altersruhesitz geschaffen haben.

Weiter nordwärts gibt jede Biegung der Straße neue Blicke auf den blauen See, auf kleine Feriensiedlungen, Strände oder die exakt ausgerichteten Obstbaumreihen frei. Kurz hinter Summerland liegt der Okanagan Lake Provincial Park mit seinen terrassenförmig angelegten Campingplätzen. Die Stellplätze bieten ausnahmslos einen schönen Weitblick über den See. Übrigens, die Warnungen der Ranger vor Klapperschlangen sollte man sehr ernst nehmen!

Kostenlose Fähre über den Upper Arrow Lake.

Wir erreichen Kelowna, die Touristenhochburg und größte Stadt im Valley. Der französische Geistliche Pandosy gründete hier 1859 eine Missionsstation und pflanzte auch die ersten Apfelbäume. Heute ist hier der wichtigste Handelsplatz für die Früchte aus dem Valley. Fast alle kanadischen Aprikosen, die Hälfte aller Pfirsiche und Pflaumen und ein Drittel aller kanadischen Äpfel werden im Tal produziert. Die Stadt ist aber auch berühmt für seine 20 örtlichen Weingüter. Eine Winery Tour ist nicht nur für ausgesprochene Weinkenner ein ganz besonderes Erlebnis. Im Visitor Information Centre hilft man gern bei der Wahl eines Touranbieters. Wenn nicht genug Zeit zur Verfügung steht, kann man auch ein Weingut direkt anfahren und an einer Führung mit Verkostung teilnehmen. Empfehlenswert sind die CedarCreek Estate Winery und die Summerhill Pyramid Winery an der Ostseite des Sees oder auch die Mission Hill Family Estate an der Westseite. Kelowna besitzt übrigens auch ausgezeichnete Einkaufsmöglichkeiten. Neben der größten Shopping Mall zwischen Vancouver und den Rockys gibt es hier auch viele große Supermärkte, um die Lebensmittelvorräte im Wohnmobil aufzufüllen. Safeway, Iga und Walmart haben alles im Sortiment, was ein Camper so braucht.

Für die Weiterfahrt bis Vernon empfehlen

» WISSENSWERTES

Das Seeungeheuer Ogopogo
Ogopogo ist der Name eines angeblich im Okanagan Lake lebenden Seeungeheuers. Die Legende geht auf Erzählungen der Okanagan zurück, einem Stamm der kanadischen First Nations. Diese berichteten von einer riesigen Seeschlange, die Boote zum Kentern gebracht und Menschen verschlungen hat. Die ersten dokumentierten Berichte über dieses mystische Wesen stammen von 1872, als europäische Siedler das Ungeheuer gesehen haben wollen. Seitdem wurden alle Beobachtungen aufgezeichnet, später kamen auch Fotos und Videos dazu, aber alle Dokumentationen konnten die Existenz des Seeungeheuers weder bestätigen noch widerlegen. Und damit lebt die Legende weiter und wird auch kommerziell genutzt. So tritt das Ungeheuer in Videospielen und in einer Fernsehserie auf, es diente als Motiv für eine kanadische Briefmarkenserie und als Maskottchen des lokalen Eishockeyteams Kelowna Rockets.

wir weiterhin den Highway 97, wobei die Alternativroute auf der Westseite des Sees auch ihren Reiz hat. Es sind aber etwa 25 Kilometer Umweg auf einer recht schlechten und schmalen Straße. Nur wenn Sie den Bear Creek oder den Fintry Provincial Park für einen Besuch oder zur Übernachtung anfahren wollen, lohnt sich der Aufwand. Beide Parks haben idyllisch gelegene Campingplätze am Seeufer.

Am Arrow Lake entlang nach Revelstoke

Noch gut 100 Kilometer liegen vor uns, bis wir Salmon Arm und den Highway 1 (TCH – Trans-Canada Highway) erreichen, dem wir dann Richtung Osten bis Revelstoke folgen. Die Straße ist stark befahren und landschaftlich mäßig interessant. Wesentlich attraktiver, aber auch zeitaufwendiger ist die Strecke von Vernon entlang dem Arrow Lake nach Revelstoke, die im Folgenden beschrieben wird.

Wir biegen in Vernon auf den Vernon Slocan Highway 6 in Richtung Osten ab. Auf landschaftlich schöner und wenig befahrener Straße durchqueren wir die Monashee Mountains und erreichen nach 135 Kilometern die Fähre über den Lower Arrow Lake zwischen Needles und Fauquier. Die kostenfreie Fähre verkehrt alle 30 Minuten zwischen 05:00 und 21:45 Uhr, die Überfahrt dauert nur fünf Minuten.

An der Ostseite des Lower Arrow Lake fahren wir weiter auf dem Highway 6 in nördliche Richtung. Bis Nakusp, der einzigen größeren Ortschaft auf der Strecke, sind es noch 60 Kilometer. Im Ort biegen wir auf den Highway 23 ab und erreichen nach einem Kilometer den Abzweig Hot Springs Road. Nach zwölf Kilometern auf dieser Straße sehen wir schon die heißen Quellen. Zwischen angenehmen 36 und 40 °C beträgt die Wassertemperatur in den zwei Becken –, ein herrlich entspannendes Bad erwartet uns. So richtig ausgepowert müssen wir uns heute nicht noch mal hinters Lenkrad setzen. Der zu den Hot Springs gehörende Campingplatz hat schöne Stellplätze am Kuskanax River.

Auf der Weiterfahrt passieren wir 34 Kilometer hinter Nakusp noch eine weitere heiße Quelle, die alternativ besucht werden kann, die Halcyon Hot Springs. Die Thermalbecken liegen traumhaft über dem See, die Wassertemperaturen betragen zwischen 32 und 42 °C. Ein Campingplatz steht zur Verfügung.

Jetzt sind es noch 14 Kilometer bis zum Fähranleger Galena Bay. Die kostenlose Fähre über den Upper Arrow Lake verkehrt stündlich zwischen 05:30 und 00:30 Uhr. Die Überfahrt dauert 20 Minuten, genügend Zeit, das wunderschöne Gebirgspanorama zu genießen. Die letzten 50 Kilometer ab Shelter Bay bis nach Revelstoke führen uns, hoch über dem See, durch ein dichtes Waldgebiet mit vereinzelten Ausblicken auf den sich ab hier langsam zum Arrow Lake anstauenden Columbia River. Kurz vor Revelstoke biegen wir nach rechts auf den Trans-Canada Highway 1 Richtung Osten ab.

Der kleine Westernort Revelstoke wurde 1884 als Bahnstation an der neu errichteten Bahntrasse der Canadian Pacific Railway gegründet. Noch heute erinnert vieles an diese Pionierzeit. Das Revelstoke Railway Museum zeigt authentische Exponate der Eisenbahn-

ära, und manche der Holzhäuser mit ihren geschnitzten Veranden wie auch die St. Peter's Anglican Church stammen noch aus den letzten Jahren des 19. Jahrhunderts. So lädt die Stadt zu einem kleinen Stadtbummel ein. Die Attraktionen liegen jedoch einige Kilometer außerhalb des Ortes. Einer der größten Staudämme Nordamerikas wurde nur fünf Kilometer nördlich von Revelstoke gebaut. Seine 175 Meter hohe Staumauer staut den Columbia River zu einem mächtigen Stausee auf. Der Revelstoke Dam ist gut über den Highway 23 erreichbar und kann besichtigt werden.

Revelstoke ist aber auch durch den gleichnamigen Nationalpark bekannt. Wer sich über den 26 Kilometer langen geschotterten Meadows in the Sky Parkway bis zum letzten Parkplatz am Balsam Lake gekämpft hat, wird mit fantastischen Aussichten belohnt. Vom 1938 Meter hoch gelegenen Historic Fire Lookout hat man den besten Ausblick. Leichte Wanderwege führen über hochalpine Wiesen, die im Spätsommer mit über 100 duftenden Wildblumenarten bewachsen sind. Mit viel Glück sieht man sogar einen Waldkaribu, eine kleine Population von ihnen lebt im Park. Alle Informationen zum Mount Revelstoke National Park wie auch zum Glacier National Park, den wir nach nur wenigen Kilometern auf dem Highway 1 erreichen, gibt es im Revelstoke Visitor Centre.

Auf dem Trans-Canada Highway 1 in die Rocky Mountains

Der Trans-Canada Highway 1 verläuft direkt durch den Glacier National Park. Der Rogers Pass mit seinen 1327 Metern Höhe stellt für uns im Wohnmobil keine Herausforderung dar. Nur vereinzelte Warnungen vor Lawinen am Straßenrand und einige Betonüberdachungen der Straße zeugen davon, dass die Straße und noch mehr die Eisenbahnlinie über den Rogers Pass der Natur abgetrotzt werden mussten. Im Winter fallen hier bis zu

… und plötzlich erheben sich die Gipfel der Rocky Mountains in den Himmel.

Emerald Lake mit Lodge im Yoho National Park.

neun Meter Schnee, der Bau der Eisenbahntrasse durch dieses Gebiet war eine wahre Pionierleistung. Der Bahnbetrieb wurde durch die extremen Winter so stark behindert, dass man 1916 den acht Kilometer langen Connaught Tunnel baute und damit die Passüberquerung vereinfachte. 1988 wurde dieser dann durch den 14,7 Kilometer langen Mount Macdonald Tunnel, den längsten Eisenbahntunnel Nordamerikas, ersetzt. Im Rogers Pass Information Centre nahe der Passhöhe kann man sich über den Bau der Straße und der Eisenbahntrasse anhand von Fotos und Filmen informieren. Auch zu den Wanderwegen im Glacier National Park erhält man am Rogers Pass umfassende Informationen. Als Ausgangspunkt für sechs Wanderungen, die zum Teil bis an die Ausläufer der Illecillewaet- und Asulkan-Gletscher führen, bietet sich der Illecillewaet Campground an, der natürlich auch als Übernachtungsplatz gut geeignet ist. Er liegt drei Kilometer vor dem Pass, wir müssen also ein kurzes Stück zurückfahren.

Seit Revelstoke fahren wir schon auf dem schönsten Abschnitt des Trans-Canada Highways, und so verwundert es nicht, dass nach nur wenigen Kilometern ein weiteres Highlight, der Yoho National Park, auf uns wartet. Der wohl spektakulärste See des Nationalparks ist der Lake O'Hara. Er ist aber auch am schlechtesten erreichbar. 13 Kilometer hinter Field führt rechts ein Abzweig zum Parkplatz am Trailhead. Von dort geht es nur noch zu Fuß (ca. 11 km) oder mit einem Shuttlebus, der aber Monate im Voraus reserviert werden muss, zum einmalig gelegenen See. Leider sind auch Fahrräder verboten. Wer gut zu Fuß ist, für den lohnt sich die Wanderung zum See und dann vielleicht auch noch der Alpine Circuit, ein zwölf Kilometer langer Höhenweg um den Lake O'Hara, auf alle Fälle. Der Wanderweg gehört mit zum Besten, was die kanadischen Rocky Mountains zu bieten haben. Wer es etwas bescheidener angehen will, sollte zumindest den kurzen Trail zum Emerald Lake gehen, den man über die Emerald Lake Road (Abzweig 2 km vor Field) erreicht. Auch die Wapta Falls (24 km vor Field) oder die Takakkaw Falls (über Yoho Valley Road, Abzweig 3 km hinter Field) bieten sich für eine Kurzwanderung an.

Nicht nur Eisenbahnfreunde halten am Lower Spiral Tunnel Viewpoint (8 km hinter

Banff, der Hauptort im gleichnamigen Nationalpark, ist von hohen Bergen umgeben.

Das 1926 wiederaufgebaute Banff Springs Hotel zählt auch heute noch zu den besten Hotels weltweit.

> **» HISTORISCHES**
>
> **Canadian Pacific Hotels**
> Die Canadian Pacific Hotels waren eine Abteilung der Eisenbahngesellschaft Canadian Pacific Railway. 1886 wurden die ersten Hotels in Revelstoke, in Field und am Rogers Pass gebaut. Dies waren aber noch einfache Unterkünfte, um Passagiere zu verpflegen oder sie bei Streckensperrungen unterzubringen. Ab 1888 baute die Eisenbahngesellschaft zunehmend Luxushotels in Städten, um wohlhabenden Reisenden und Geschäftsleuten eine adäquate Unterkunft anzubieten, und in den Rocky Mountains, um vor allem Touristen aus dem Osten Kanadas die malerische Bergwelt zu erschließen. Die ersten Luxushotels wurden in Vancouver und in Banff gebaut. Besonders das Banff Springs Hotel war so erfolgreich, dass die Gesellschaft sich entschloss, im Jahr 1890 ein zweites Landhotel, das Château Lake Louis, zu errichten. Beide Hotels waren damals noch recht einfache Chalets, die nach Bränden 1924 (Château Lake Louis) und 1926 (Banff Springs Hotel) in der heutigen Form neu aufgebaut wurden. Weitere Luxushotels sind das Hotel Vancouver in Vancouver, das Empress Hotel in Victoria oder das berühmte Château Frontenac in Quebec. Heute werden die 13 Canadian Pacific Hotels durch die kanadische Gesellschaft Fairmont Hotels and Resorts betrieben.

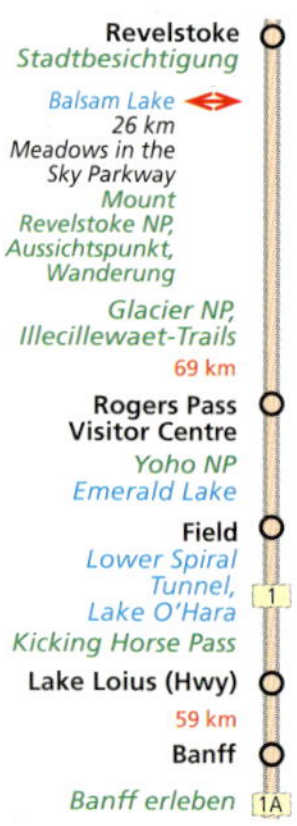

Field am Highway 1) an. Es ist schon ein besonderes Erlebnis, wenn man die langen Güterzüge durch die spiralförmig angelegten Tunnel fahren sieht. Alle erforderlichen Informationen zu Wanderungen und Sehenswürdigkeiten bekommt man in der Yoho National Park Visitor Information in Field.

Weiter geht es auf dem Trans-Canada Highway nach Osten. Wir überwinden den Kicking Horse Pass (1627 Meter) und erreichen kurz danach die Provinzgrenze zwischen British Columbia und Alberta. Hier verläuft auch die Grenze zwischen den Nationalparks Yoho und Banff und die kontinentale Wasserscheide (Continental Divide) zwischen Pazifik und Atlantik. Wir müssen unsere Uhren um eine Stunde vorstellen.

Nördlich von Lake Louis verbreitert sich der Trans-Canada Highway auf vier Spuren. Jetzt sind es noch 60 Kilometer bis Banff. Wir rollen entspannt südwärts und lassen uns von den schneebedeckten Bergen, dichten Wäldern, Flüssen und tiefblauen Seen beeindrucken. Wir sind vom Panorama überwältigt und wissen doch, dass es nur ein erster Blick auf die grandiose Natur im Nationalpark ist. Die Nationalparks Banff und Jasper sind für viele Besucher die schönsten Landschaften in Westkanada. Tief beeindruckt erreichen wir Banff.

Die beliebtesten Nationalparks in Kanada: Banff und Jasper

Banff scheint im Sommer aus allen Nähten zu platzen. Mit 7500 Einwohnern ein eher kleiner Ort, muss er in der Hochsaison bis zu 50 000 Besucher täglich verkraften. Die zentrale Banff Avenue mit ihren unzähligen Restaurants, Souvenirläden und Sportbekleidungsgeschäften ist völlig überlaufen. Trotzdem gebührt Banff ein fester Platz auf der Reiseroute. Die bevorzugte Lage der Stadt zwischen den alpinen Gipfeln des Cascade Mountain (2998 m) im Norden, des Mount Rundle (2948 m) im Südwesten und des Sulphur Mountain (2451 m) im Süden ist wohl einmalig in Kanada. Für viele Tageswanderungen ist Banff ein idealer Ausgangspunkt, und danach wäre ein Bad in den Upper Hot Springs zu empfehlen. Vom Parkplatz der

Upper Hot Springs an der Mountain Avenue erreicht man auch die Talstation der Banff Gondola. Bei guter Sicht ist die Fahrt zur Bergstation in 2281 Metern Höhe und die Aussicht auf die Stadt, die umliegenden Seen und die schneebedeckten Berge einfach einmalig. Wer den 5,5 Kilometer langen Serpentinenweg vom Parkplatz zum Gipfel zu Fuß erklimmt, wird dafür belohnt. Die Talfahrt ist dann kostenlos und pro Person hat man 35 $ gespart.

Sparen sollte man sich auf keinen Fall einen kurzen Besuch im »The Fairmont Banff Springs Hotel«. Das absolute Luxusresort wurde im Stil eines prachtvollen schottischen Schlosses gebaut. Es gilt als die touristische Keimzelle in Banff und war bei seiner Eröffnung das größte Hotel der Welt. Auch heute ist es noch genauso vornehm und teuer wie vor über 100 Jahren. Eine kleine Erkundungstour in den unteren drei Etagen gehört zum Pflichtprogramm – oder Sie trinken einen Kaffee im Sunroom oder im Café in der zweiten Etage. Beim Lesen der Preisliste für die Zimmer ziehen wir es dann doch vor, auf einem der drei Tunnel Mountain Campgrounds zu übernachten. Eine Reservierung oder ein zeitiges Ankommen sichert einen Stellplatz auf den beliebten Campingplätzen. Im Banff Visitor Information Centre erhalten wir ausreichend Karten, Broschüren, Wandertipps und wertvolle Informationen zu Banff- und Jasper-National-Park. Und nicht vergessen sollte man, sich in Banff noch mal mit Lebensmitteln einzudecken. Im Park gibt es keine Einkaufsmöglichkeiten.

Wolf am Bow Valley Parkway im Banff National Park

Idyllischer Moraine Lake vor den Gipfeln des Valley of the Ten Peaks.

Diese mächtigen Gletscher gehören zum Columbia Icefield.

Für die Fahrt nach Lake Louis wählen wir den beschaulichen Bow Valley Parkway 1A. Er ist wenig befahren und wir sehen Hirsche, Rehe und sogar einen Wolf am Straßenrand. Auf den 45 Kilometern bis Lake Louis befinden sich mehrere Campingplätze, die gern angefahren werden, wenn die Plätze in Banff überfüllt sind. Eine kleine lohnenswerte Wanderung führt durch den Johnston Canyon zu den Lower und Upper Falls (2,6 km) und weiter zu den Ink Pots (5,6 km). Der Trail beginnt am gleichnamigen Campingplatz.

Glaubt man den Besucherzahlen, dann erwartet uns als Nächstes eine absolute Weltattraktion. Wir fahren durch Lake Louis Village zum 1731 Meter hoch gelegenen Lake Louis. Auf dem großen Besucherparkplatz können wir gut parken und nach wenigen Schritten erreichen wir den traumhaft gelegenen See, den meistbesuchten Bergsee der Welt. Der Besucherandrang ist wirklich riesig, aber die meisten Touristen begnügen sich mit einem kurzen Spaziergang zum Château Lake Louis, einem weiteren monumentalen Grandhotel, das ebenso wie das Fairmont Springs Hotel in Banff von der Canadian Pacific Railway errichtet wurde. Von hier hat man einen einmaligen Panoramablick über den türkisfarbenen See, auf die schneebedeckten Berge und den Victoria-Gletscher. Tom Wilson, der als erster weißer Mann den See 1882 entdeckte, schrieb später: »Nie während all meiner Erkundungen dieser fünf Gebirgsketten, habe ich etwas so Unvergleichliches gesehen«.

Die landschaftliche Schönheit der Umgebung erschließt sich noch besser auf den gut ausgeschilderten Wanderwegen zu beiden Seiten des Sees. Empfehlenswert ist der Plain of Six Glaciers Trail am Nordwestufer des Sees entlang und zurück über den Lake Agnes. So vermeiden wir den Rückweg auf gleicher Strecke.

Ein weiteres Highlight wartet jetzt auf uns. Den noch schöner gelegenen Lake Moraine erreichen wir auf einer kurzen Fahrt über die Moraine Lake Road. Dafür müssen

Der Peyto Lake ist einer der schönsten Bergseen im Banff National Park.

wir vom Lake Louis ca. zwei Kilometer talwärts fahren und dann am ausgeschilderten Abzweig nach rechts abbiegen. An der Moraine Lake Lodge stehen nicht so viele Parkplätze zur Verfügung. Wer die Wanderung zum Sentinel Pass nicht mehr auf sich nehmen will, der sollte aber zumindest den nur 500 Meter langen Rockpile Trail zum besten Aussichtspunkt über den See erklimmen. Tiefblau und eindrucksvoll liegt der See vor dem Valley of the Ten Peaks. Für den Autor ist dieses Panorama mit das Schönste, was Westkanada zu bieten hat. Also auf keinen Fall versäumen!!

In Lake Louis Village tanken wir noch einmal auf und fahren dann auf dem hier beginnenden Icefields Parkway in nördliche Richtung. Die Straße ist jetzt nicht mehr so stark befahren, und es gibt ausreichend Parkbuchten, um anzuhalten und das herrliche Bergpanorama zu fotografieren. Bis zum Bow Summit, dem mit 2088 Metern höchsten Punkt des Parkways, sind es noch 43 Kilometer. Wir passieren auf diesem Weg den Herbert Lake mit schönem Picknickplatz, den Mosquito Creek Campground und den Bow Lake mit der Num-Ti-Jah Lodge. Immer wieder legen wir Fotostopps ein, die Landschaft ist einfach atemberaubend. An der Passhöhe Bow Summit zweigt eine kurze Stichstraße nach links zu einem Parkplatz ab. Versäumen Sie auf keinen Fall diesen kurzen Abstecher. Nach einem ganz kurzen Fußweg erreicht man den Peyto Lake Viewpoint. Der Peyto Lake ist fast ebenso schön gelegen wie der Lake Moraine, also ein absolutes Pflichtprogramm!

Die jetzt folgenden 85 Kilometer bis zum Sunwapta Pass gehören zum Beeindruckendsten und Schönsten, was man in den Rocky Mountains erleben kann. Der Icefields Parkway verläuft entlang der ungezähmten Mistaya- und Sunwapta River und ist gesäumt von schneebedeckten Bergen, mächtigen Gletschern, türkisfarbenen Seen, von Wiesen mit unzähligen Sommerblumen und Wäldern, in denen immer wieder Hirsche, Rehe

Über vier Stufen stürzt das Wasser an den Bridal Veil Falls ins Tal.

und mit viel Glück auch mal ein Bär zu sehen sind. Es ist zweifellos eine der atemberaubendsten Straßen der Welt. Abseits der Straße verlaufen herrliche Wandertrails, die auch alle in den Infobroschüren des Parks beschrieben sind. Beispielhaft seien hier die Wanderungen zum Lake Cirque und zum Lake Chephren genannt, die beide am Waterfowl Lakes Campground beginnen.

Wir rollen durch die einmalige alpine Landschaft und halten immer wieder an Viewpoints oder kleinen Parkbuchten an der Straße an, um das faszinierende Panorama zu betrachten und zu fotografieren. Dann folgt der Anstieg zum Sunwapta Pass. Wenige Kilometer vor der Passhöhe, kurz nachdem man die große Serpentinenkurve passiert hat, sieht man rechts den Parkplatz an den Wasserfällen. Neben den Bridal Veil Falls sind vor allem die Panther Falls sehenswert. Ein kurzer, aber glitschiger Trail führt zu dem versteckt liegenden, vierthöchsten kanadischen Wasserfall. Etwa neun Kilometer vor der Passhöhe erreichen wir den Ausgangspunkt des Parker Ridge Trail, der anfangs steil bergauf bis auf 2130 Meter führt. Von hier oben hat man eine schöne Aussicht auf den Saskatchewan Glacier.

Direkt an der Passhöhe steht das Columbia Icefield Centre mit großem Parkplatz. Hier kann man sich etwas ausruhen und die Eindrücke des Tages verarbeiten. Im Informationscenter wird viel Wissenswertes über die Gletscher und das ausgedehnte Höhlensystem, die leider für Touristen unzugänglichen Castleguard Caves, vermittelt. Mit einem sogenannten Snow Coach, das sind riesige Spezialbusse, kann man für 50 $ auf die Gletscherzunge des Athabasca Glacier fahren und einige Minuten aussteigen. Fast ebenso eindrucksvoll, aber wesentlich preiswerter ist die kurze Fahrt mit dem eigenen Wohnmobil über die Glacier Road bis zum Parkplatz am Sunwapta Lake. Von hier führt ein kurzer Spaziergang direkt bis an den Gletscherrand des Athabasca Glacier. Am Weg stehen kleine Schilder mit Jahreszahlen, die das Abschmelzen des Gletschers dokumentieren. Eine Übernachtung ist nahe der Passhöhe auf dem Wilcox Creek Campground oder direkt neben dem Icefield Center auf dem Icefield Center RV Campground möglich, wobei Letzterer keine Ausstattung, dafür aber einen einmaligen Panoramablick aus dem Wohnmobilfenster bietet.

Das Columbia Icefield und der Sunwapta Pass bilden die Grenze zwischen den Nationalparks Banff und Jasper. 108 Kilometer liegen bis zum Ort Jasper vor uns. Die Landschaft ist immer noch spektakulär, aber nach dem bisher Gesehenen gibt es keine Steigerung mehr. Auf alle Fälle lohnt sich ein Besuch der Athabasca Falls (72 km nach dem Sunwapta Pass), die mit 24 Metern zwar eher zu den kleineren Wasserfällen zählen, aber durch eine hohe Wassermenge und Fließgeschwindigkeit zu beeindrucken wissen. Eine letzte Wanderung vor Jasper wäre im Valley of the Five Lakes möglich. Zum Campen stehen auf der Strecke bis Jasper mehrere einfache Campingplätze zur Auswahl. Eine heiße Dusche und Dumpingmöglichkeiten gibt es aber erst auf dem großen Wapiti Campground oder dem noch größeren Whistlers Campground. Beide liegen nur wenige Kilometer vor Jasper.

Wir fahren in die Stadt Jasper und sind überrascht, wie ruhig und gelassen das Leben hier abläuft. Im Gegensatz zu Banff wirkt die Stadt fast schon verschlafen. Am Connaught Drive, der Hauptverkehrsstraße des Ortes, finden wir einen Parkplatz und starten von hier unseren Stadtspaziergang. Viele touristische Attraktionen hat Jasper nicht zu bieten, aber nach den Tagen in der Wildnis tut es gut, an der Patricia Street durch die Geschäfte zu bummeln und in einem der zahlreichen Cafés ein Eis zu essen. Auch unseren Kühlschrank können wir in Jasper auffüllen und Kraftstoff tanken.

Der Snow Coach bringt Touristen direkt auf den Athabasca Glacier.

Auf dem Yellowhead Highway zum höchsten Berg der kanadischen Rocky Mountains

Ab Jasper fahren wir auf dem legendären Yellowhead Highway 16 westwärts. Nach 24 Kilometern erreichen wir den Yellowhead Pass. Mit seinen nur 1133 Metern Höhe und dem sanften Anstieg war er schon für die Ureinwohner und später für die Pelzhändler eine

Athabasca Glacier und Mount Athabasca (3491 m)

Mount Robson, mit 3954 Metern der höchste Berg der kanadischen Rocky Mountains

Sunwapta Falls im Jasper National Park

der wichtigsten Routen über die Rocky Mountains. Auch für den Bau der Straße und der Eisenbahn war der Pass bestens geeignet. Auf der parallel zum Highway verlaufenden Bahntrasse rattern mitunter endlose Güterzüge mit Hunderten Waggons, gezogen von mehreren Lokomotiven, über den Pass. Die Passhöhe markiert die Grenze zwischen dem Jasper National Park und dem Mount Robson Provincial Park, zwischen Alberta und British Columbia und zwischen den Zeitzonen Mountain Time und der in British Columbia geltenden Pacific Time. Wir müssen unsere Uhren also wieder eine Stunde zurückstellen. Bei guter Sicht ist von der Passhöhe schon der gewaltige Mount Robson, mit 3954 Metern der höchste Berg der kanadischen Rocky Mountains, zu sehen.

Wir passieren den Yellowhead Lake und den lang gezogenen Moose Lake. Die Straße folgt dann dem Fraser River, der am Mount Robson entspringt und südlich von Vancouver in den Pazifik mündet. 60 Kilometer nach dem Pass sehen wir auf der rechten Seite das Mount Robson Visitor Centre. Von hier haben wir den besten Blick auf den schneebedeckten Berg und die steil, fast senkrecht aufragende Südwand. Im Besucherzentrum erfahren wir, welch einzigartige Natur der Park schützt. Natürlich gibt es auch hier schneebedeckte Berge, kalbende Gletscher, Wasserfälle und idyllische Bergseen, aber vor allem die Tierwelt ist einmalig. In der fast menschenleeren Wildnis leben Wapitis, Elche, Rehe, Karibus, aber auch Schwarz- und Grizzlybären. Leider gibt es kaum Kurzwanderwege. Für die attraktivsten Trail muss man mehrere Tage einplanen. Hierzu fehlen uns die Ausrüstung und die Zeit. Nach einem kleinen Spaziergang setzen wir unsere Fahrt mit dem Mount Robson im Rückspiegel fort. Am westlichen Parkeingang halten wir noch einmal kurz für einen letzten Blick auf den imposanten Berg an. Nur wenige Kilometer sind es jetzt noch bis zum Abzweig des Yellowhead South Highway 5 in Tête Jaune Cache (ab Prince George Anschluss an Route 3).

Wir biegen nach links ab und folgen dem Highway Richtung Kamloops. Die nächsten 214 Kilometer über Valemount bis nach Clearwater sind recht schnell gefahren. Der Highway ist gut ausgebaut und wir kommen flott voran. Die Straße führt landschaftlich reizvoll durch die dichten Wälder der Mona-

Clearwater Lake im Wells Gray Provincial Park

shee Mountains und folgt dem bei Valemount entspringenden North Thompson River. Im Westen liegt der riesige Wells Gray Provincial Park, der aber nur über Clearwater vernünftig erschlossen ist.

Im Clearwater Provincial Park

In Clearwater führt unser erster Weg in die Clearwater Wells Gray Tourist Information direkt am Abzweig der Clearwater Valley Road. Mit ausführlichen Informationen zu den Naturattraktionen und Wandermöglichkeiten fahren wir auf der anfangs noch geteerten Straße in den Provincial Park.

5400 Quadratkilometer groß und durch unerschlossene Wildnis geprägt, ist er vor allem wegen seiner Seen und Wasserfälle bekannt. Einige dieser grandiosen Wasserfälle sind ohne großen Aufwand von der Zufahrtsstraße aus erreichbar. Schon nach zehn Kilometern ab der Tourist Information erreichen wir den Parkplatz an den Spahats Falls. Von den Aussichtsplattformen beobachten wir, wie das Wasser über rosarotes Vulkangestein in einen tiefen Canyon stürzt. Nächster Stopp dann an den Dawson Falls, die sich weniger durch ihre Höhe (nur 18 Meter) als durch die enormen Wassermassen auszeichnen, die auf 91 Metern Breite ins Tal donnern. Spektakulärer Höhepunkt des Parks sind die Helmcken Falls. Vom großen, gut ausgeschilderten Parkplatz führt ein kurzer Fußweg (ca. 1 km) zur Aussichtsplattform.

Das Wasser fällt hier mit lautem Getöse über 137 Meter in die Tiefe. Damit ist dieser Wasserfall mehr als doppelt so hoch wie die Niagara Falls. Über allem weht ein dichter Sprühnebel, der bei Sonnenschein einen Regenbogen bildet. Vor allem am Nachmittag, wenn die Sonne im Westen steht, ist das Licht ideal für Fotos. Dann finden sich auch oft Hochzeitspaare hier ein, um sich vor der Kulisse des Wasserfalls fotografieren zu lassen. Die letzten Kilometer bis zum Clearwater Lake fahren wir auf Schotter, die Straße ist aber auch mit Wohnmobilen gut befahrbar. Schön gelegene Picknickplätze und die Nähe zum jadegrünen Clearwater River machen die Fahrt zum Erlebnis. Eine Übernachtung ist auf dem Clearwater Lake Campground oder dem benachbarten Falls Creek Campground zu empfehlen.

Von hier sind auch schöne Kurzwanderungen möglich. Ein ganz besonderes Erlebnis ist eine Kanutour auf dem Clearwater Lake. Das notwendige Equipment kann man zum Beispiel bei Clearwater Lake Tours (direkt am Campingplatz) mieten.

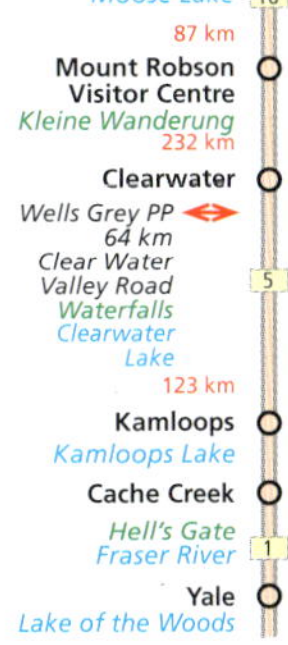

Picknick am Paul Lake

Kamloops – die wärmste Stadt Kanadas

Zurück auf dem Highway 5 fahren wir von Clearwater nach Kamloops. Die Straße folgt dem Tal des North Thompson River und führt zunehmend durch karges, trockenes Gebiet, fast schon eine Wüstenlandschaft. So verwundert es auch nicht, dass Kamloops die wärmste Stadt Kanadas ist. Der Name der Stadt ist indianischen Ursprungs und bedeutet Zusammentreffen der Wasser. Gemeint ist der Zusammenfluss des North Thompson River mit dem South Thompson River. Wir nutzen die guten Einkaufsmöglichkeiten, um unsere Vorräte noch einmal aufzufüllen. Und wenn die Bordküche einmal kalt bleiben soll, dann bietet sich ein Besuch des Restaurants Brownstone, wo schon Harrison Ford und Jennifer Lopez verkehrten, oder der Westernbar Cactus Jacks an. Wir erleben Kamloops als eine recht angenehme Stadt mit mondänen Vororten und einer guten Infrastruktur. Der stadtnahe Paul Lake Provincial Park bietet Erholung und einen Campingplatz direkt am See.

Südlich von Kamloops, nach der Brücke über den North Thompson River, folgen wir dem Highway 1 in Richtung Cache Creek/Vancouver. Wir passieren den 29 Kilometer langen Kamloops Lake mit einigen schönen Aussichtspunkten und erreichen nach 83 Kilometern die Kreuzung bei Cache Creek.

Am Hell's Gate verengt sich der Fraser Canyon zu einer nur 38 Meter breiten Schlucht.

Am Fraser River südwärts

Ab hier folgen wir dem Highway 1 nach Süden, Richtung Hope/Fraser Canyon. Die ersten 30 Kilometer führt die Straße durch eine trockene, wüstenähnliche Landschaft, dann folgt man bis Lytton dem Thompson River, der hier in den Fraser River fließt. Von der Brücke über den Thompson River, diese erreicht man nach einem Kilometer auf dem Highway 12 in nördlicher Richtung, kann man sehr schön sehen, wie das klare Wasser des Thompson River und das sedimentbeladene, türkisfarbene Wasser des Fraser River sich langsam vermischen. Um Lytton gibt es auch einige anspruchsvolle Rafting-Reviere. Auf den folgenden 100 Kilometern bis Hope hat sich der Fraser River im Laufe der Zeit in das massive Gebirge der Cascade- und Coast Mountains gefräst und den Fraser Canyon geschaffen. Der spektakulärste Abschnitt des Canyons beginnt bei Boston Bar und findet seinen Höhepunkt am Hell's Gate, dem Höllentor. Hier werden pro Sekunde 15 Millionen Liter Wasser durch eine 180 Meter tiefe, aber nur 38 Meter breite Schlucht gepresst. Eine Seilbahn fährt über die Schlucht und ermöglicht einmalige Ausblicke auf die reißenden Wassermassen. Vom südlichen Parkplatz aus führt aber auch ein Wanderweg hinunter in die Schlucht, die man dann auf einer Hängebrücke überwinden kann. Für uns war das die authentischere Alternative.

Bis zum kleinen Ort Yale klebt der Highway 1 regelrecht an den Felswänden über dem Fluss, während für die Trasse der

Canadian Pacific Railway ein Weg am Ufer des Flusses frei gesprengt wurde. In Yale beruhigt sich der Fluss wieder, das Flussbett wird breiter und der Fluss ist ab hier schiffbar. Damit war Yale für die kanadischen Ureinwohner ein wichtiger Ablegeplatz für Kanus. 1848 gründete die Hudson's Bay Company an dieser Stelle ein Fort, welches so wichtig für den Pelzhandel, die Erschließung dieses Gebietes und für die Versorgung der Goldsucher war, dass sich die kleine Ansiedlung innerhalb nur eines Jahrzehnts zur größten Stadt westlich von Chicago und nördlich von San Francisco entwickelte. Heute hat Yale gerade mal 200 Einwohner, von denen viele der Yale First Nation angehören. An die alte Blütezeit erinnert das Historic Yale Museum.

Kurz vor Hope liegt der schöne Lake of the Woods direkt am Highway 1. Er ist gut geeignet für ein Picknick oder auch für ein erfrischendes Bad. Ab Hope wählen wir dann für die letzten Kilometer bis Vancouver die Alternativstrecke über den Highway 7, nördlich des Fraser River. Die Streckenführung ist angenehmer als auf dem vierspurigen Trans-Canada Highway und wir haben Gelegenheit, die Erlebnisse der letzten Tage und Wochen noch einmal Revue passieren zu lassen.

Wenn ein zeitlicher Puffer vorhanden ist, dann lohnt sich ein Abstecher zum kleinen exklusiven Badeort Harrison Hot Springs, dem ältesten Ferienort von British Columbia. Der gepflegte Ort liegt am tiefblauen, jedoch eiskalten Harrison Lake. Anfang September wird hier die World Championship Sand Sculpture Competition ausgetragen. Unglaubliche Kunstwerke werden dann aus Sand modelliert, sie können bis Mitte Oktober bewundert werden. Für die letzte Übernachtung vor Vancouver kann der komfortable Harrison Springs Camping and RV Park im Ort oder der Hicks Lake Campground im Sasquatch Provincial Park empfohlen werden. Von Harrison Hot Springs sind es jetzt noch zwei Fahrstunden bis nach Vancouver, dem Ziel unserer Tour.

Links: Badevergnügen am Lake of the Woods

Rechts: Wahre Meisterwerke entstehen während der World Championship Sand Sculpture Competition in Harrison Hot Springs.

» HISTORISCHES

Hudson's Bay Company

Am 2. Mai 1670 wurde die Hudson's Bay Company in London gegründet und durch König Charles II. mit umfangreichen exklusiven Handelsrechten für das Gebiet ausgestattet, dessen Flüsse in die Hudson Bay fließen. Das von der Hudson's Bay Company kontrollierte Gebiet umfasste 3,9 Millionen Quadratkilometer, etwa ein Drittel der Fläche des heutigen Kanadas. Neben dem Handelsmonopol umfassten die Privilegien der Gesellschaft weiterhin die Jurisdiktion, das Recht auf Errichtung von Handelsposten und auf eine selbstständige Politik mit der indigenen Bevölkerung. Fast ein Jahrhundert blieb das Monopol der Gesellschaft unangetastet, das Handelsvolumen stieg und die Gesellschaft machte erhebliche Gewinne. Dabei warteten die Mitarbeiter der Company in den sicheren Forts darauf, dass die Indianer mit ihren pelzbeladenen Kanus aus dem weiten Hinterland anreisten, um die Felle gegen Werkzeuge und Waffen einzutauschen.

1783 gründeten Pelzhändler aus Montreal zusammen mit Exporteuren die North West Company, eine ernst zu nehmende Konkurrenz für die Hudson's Bay Company, nicht zuletzt, weil sie ein anderes Geschäftsmodell verfolgten. Auf monatelangen Kanutouren fuhren die Einkäufer der North West Company direkt in die Indianerdörfer und kauften die besten Felle auf. Die in den Forts wartende Konkurrenz ging zunehmend leer aus. Als Reaktion begann die Hudson's Bay Company nun ebenso, Inlandsposten an strategisch wichtigen Orten zu errichten. Auch Alkohol war als Tauschware zunehmend kein Tabu mehr. Der Konkurrenzkampf mündete nicht selten in bewaffnete Auseinandersetzungen zwischen den Händlern, die letztlich zu einer Schwächung beider Gesellschaften führten. 1821 schlossen sich beide Gesellschaften zusammen, ihr Handelsgebiet reichte jetzt bis zum Nordpolarmeer und im Westen bis zum Pazifik. 1859 wurde das Handelsmonopol der Hudson's Bay Company abgeschafft. Zehn Jahre später forderte das Dominion of Canada die Hudson's Bay Company auf, den größten Teil ihres Landbesitzes an den jungen Staat abzutreten. Für 300 000 Pfund Sterling wurde das Land verkauft. Die Handelsposten blieben zur Versorgung der Siedler bestehen. In den folgenden Jahren entwickelte sich die Hudson's Bay Company zu einem riesigen Handelskonzern, der bis heute zu den größten Arbeitgebern in Kanada zählt. Ihm gehören die Kaufhausketten The Bay und Zellers, die es in allen größeren Städten in Kanada gibt.

Übernachtungsplatz im Indianerreservat

» PRAKTISCHE HINWEISE

TOURISTINFORMATIONEN

Manning Provincial Park
Visitor Centre, N 49° 3' 39.8" W 120° 46' 12.0"
www.manningpark.com

Kelowna
Visitor Information Centre, 544 Harvey Avenue, Kelowna
www.tourismkelowna.com

Revelstoke
Visitor Centre, 204 Campbell Avenue, Revelstoke
www.pc.gc.ca/eng/pn-np/bc/revelstoke/index.aspx

Field
Yoho National Park Visitor Information, N 51° 23' 53.5" W 116° 29' 27.6"
www.pc.gc.ca/eng/pn-np/bc/yoho/visit.aspx

Rogers Pass
Information Centre, N 51° 18' 5.0" W 117° 31' 13.1"
www.pc.gc.ca/lhn-nhs/bc/rogers/visit/visit2.aspx

Banff
Visitor Information Centre, 224 Banff Avenue, Banff

Mount Robson Provincial Park
Visitor Centre, N 53° 2' 5.4" W 119° 13' 46.3"
www.env.gov.bc.ca/bcparks/explore/parkpgs/mt_robson/

Clearwater
Wells Gray Tourist Information, 416 Eden Road, Clearwater
www.wellsgray.ca

MUSEEN/AUSFLÜGE/ATTRAKTIONEN

Vancouver
Dr. Sun Yat-Sen Classical Chinese Garden: 578 Carrell Street, Vancouver, *www.vancouverchinesegarden.com*
Zur Weltausstellung EXPO 86 eröffneter original chinesischer Garten.
Bayshore Rentals: 745 Denman Street, Vancouver, *www.bayshorebikerentals.ca*
Fahrradverleih, auch stundenweise, nahe Seawall Promenade/Stanley Park.

Osoyoos
Desert Centre: 14580 146th Avenue, Osoyoos, *www.desert.org*
Eines der letzten ursprünglich erhaltenen Areale mit typischer Wüstenfauna und -flora in Westkanada, gute Führung. Kopfbedeckung und Wasserflasche nicht vergessen.
Nk'Mip Desert Culture Centre: 1000 Rancher Creek Rd, Osoyoos, *www.nkmipdesert.com*
Wüste und indianische Kultur in einer sehenswerten Kombination. Klapperschlangenvorführung.

Penticton
Coyote Cruises: 215 Riverside Drive, Penticton, *www.coyotecruises.ca*
Sommervergnügen! Auf Luftschläuchen geht es flussabwärts vom Okanagan Lake zum Skaha Lake.

Kelowna
CedarCreek Estate Winery: 5445 Lakeshore Road, Kelowna, *www.cedarcreek.bc.ca*
Summerhill Pyramid Winery: 4870 Chute Lake Road, Kelowna, *www.summerhill.bc.ca*
Mission Hill Family Estate: 1730 Mission Hill Rd, West Kelowna, *www.missionhillwinery.com*
Die guten kanadischen Weine sollte man unbedingt einmal probieren. Am Besten in einem der gut geführten Weingüter im sonnenverwöhnten Okanagan Valley nahe Kelowna.

Nakusp
Nakusp Hot Springs: 8500 Hot Springs Road, Nakusp, *www.nakusphotsprings.com*
Halcyon Hot Springs: 5655 Highway 23, Nakusp, *www.halcyon-hotsprings.com*
Landschaftlich schön gelegene Thermalbäder mit Campingmöglichkeit.

Revelstoke
Revelstoke Railway Museum: 719 Track Street West, Revelstoke, *www.railwaymuseum.com*
Das sehenswerte Museum präsentiert einen Überblick der Canadian Pacific Railway in den Columbia Mountains. Nicht nur für Eisenbahnfreunde interessant!

Banff
Upper Hot Springs: 1 Mountain Avenue, Banff, *http://www.hotsprings.ca/BANFF_UPPER_HOT_SPRINGS.php*
Hot Springs im Stil der 1930er-Jahre. Das Badehaus wurde aufwendig restauriert und bietet heute nostalgisches Badevergnügen hoch über der Stadt. Am Abend wird es ruhiger.

Kamloops
Restaurant Brownstone: 118 Victoria Street, Kamloops, *www.brownstone-restaurant.com*
Gutes Restaurant in einem denkmalgeschützten Bankgebäude von 1904.
Westernbar und Saloon Cactus Jacks: 130 5 Ave, Kamloops, *www.cactusjackssaloon.com*
Bekannteste Country and Western Bar in Kamloops.

Yale
Historic Yale Museum: 31187 Douglas Street, Yale, *www.travelthecanyon.com/yalehistoricsite.html*
Interessante Ausstellung aus der Zeit, als Yale noch eine der größten Städte Nordamerikas war. Hier steht auch eine der ältesten Kirchen British Columbias aus dem Jahre 1863.

CAMPINGPLÄTZE

(bei einigen Campingplätzen stehen die GPS-Daten für die ausgeschilderte Zufahrt ab Highway)

Vancouver
Capilano River RV Park, *www.capilanoriverrvpark.com*
295 Tomahawk Ave, West Vancouver/205 Stellplätze, ab 55 $/N 49° 19' 26.8" W 123° 7' 54.2"
Stadtnaher Campingplatz am Nordwestende der Lions Gate Bridge mit komfortabler Ausstattung (Pool, Whirlpool,

» PRAKTISCHE HINWEISE

Laundry, WiFi), jedoch teuer und recht laut. Wohnmobilwaschanlage vorhanden.

Burnaby Cariboo RV Park, *www.bcrvpark.com*
8765 Cariboo Place, Burnaby/217 Stellplätze, ab 62 $/N 49° 14' 52.9" W 122° 54' 44.7"
Gut erreichbar über den Highway 1, Ausfahrt 37. Komfortabel und stadtnah. Beheiztes Hallenbad, Hot Tub, Fitnessraum, Wohnmobilwaschanlage. Gute Nahverkehrsverbindung in die City. Aber teuer und durch nahe Bahnlinie laut.

Plaza RV Park, *www.plazarvpark.ca*
8266 King George Blvd, Surrey/42 Stellplätze, ab 35 $/N 49° 9' 11.3" W 122° 50' 43.6"
Kleiner Platz als preiswerte Alternative zu den teuren City-Campingplätzen. Im Vorort Surrey gelegen, ca. 30 Kilometer bis Vancouver City. Bus-/Skytrainanbindung.

Fort Langley

Fort Camping, *www.fortcamping.com*
156 Stellplätze, ab 41 $/N 49° 10' 26.0" W 122° 34' 26.6"
Über den Highway 1 East und die Ausfahrt 66 erreichbar. Der Platz liegt auf Brae Island im Fraser River. Der Ort und das Fort sind zu Fuß erreichbar. Duschen und WiFi gegen Gebühr.

Manning Provincial Park

Lightning Lake Campground,
www.env.gov.bc.ca/bcparks/explore/parkpgs/ecmanning
143 Stellplätze, 28 $/N 49° 3' 44.0" W 120° 50' 38.4"
Am Manning Park Resort zweigt die Gibson Pass Road vom Highway 3 ab und führt direkt zum größten und besten Campingplatz im Manning Provincial Park. Warme Duschen und großzügige Stellplätze. Im sauberen See kann man baden und angeln. Hier beginnen auch einige leichte Rundwanderwege um den See und der anspruchsvolle Frosty Mountain Trail.

Osoyoos

Haynes Point Provincial Park Campground (Osoyoos Lake), *www.env.gov.bc.ca/bcparks/explore/parkpgs/haynes_pt*
41 Stellplätze, 30 $/N 49° 0' 53.1" W 119° 27' 28.3".
Beliebter Platz am Osoyoos Lake, auf einer langen in den See hineinragenden Halbinsel. Fast alle Stellplätze befinden sich direkt am Wasser. Warmer Badesee mit Sandstrand. In der Hochsaison ist eine Reservierung zu empfehlen oder Anreise am Vormittag.

Summerland

Okanagan Lake Provincial Park Campground, Süd- und Nordbereich, *www.campokanagan.com/parks/ok_lake-start.htm*
168 Stellplätze, 30 $/N 49° 41' 0.1" W 119° 43' 26.1"/N 49° 41' 28.5" W 119° 43' 59.5"
Kurz hinter Summerland liegt der Okanagan Lake Provincial Park mit seinen zwei schön angelegten Campingplätzen. Die Stellplätze des Nordbereichs sind terrassenförmig angeordnet und bieten einen schönen Weitblick über den See, der Südbereich liegt auf Seeniveau mit gutem Zugang zum See und zum Badestrand. Die Stellplätze sind hier etwas größer.

Kelowna

Bear Creek Provincial Park Campground (Okanagan Lake), *www.campokanagan.com/parks/bear_creek-start.htm*
122 Stellplätze, 30 $/N 49° 55' 42.6" W 119° 30' 41.7"
Einer der schönsten Campingplätze am Okanagan Lake. Zufahrt über die als Alternative beschriebene Westside Road. Parkartig angelegt mit schönen Stellplätzen und direktem Zugang zum See. Duschen, Trinkwasser und Dumpingstation vorhanden.

Fintry Provincial Park Campground (Okanagan Lake), *www.env.gov.bc.ca/bcparks/explore/parkpgs/fintry*
100 Stellplätze, 30 $/N 50° 8' 24.3" W 119° 30' 8.2".
Ebenfalls an der Westseite des Okanagan Lake gelegener Provincial Park mit Campingplatz am See. 50 Stellplätze sind neu angelegt, teilweise mit direktem Seezugang. Schöne Kurzwanderungen durch den Provincial Park, zum Beispiel zum Wasserfall und zum historischen Herrenhaus der Fintry Farm möglich.

Nakusp

Nakusp Hot Springs Campground, *www.nakusphot-springs.com/stay-here.html*
32 Stellplätze, 30 $/N 50° 17' 44.8" W 117° 41' 15.3"
Unmittelbar neben den Hot Springs gelegener Campingplatz mit schönen Stellplätzen am Kuskanax River. Wasser- und Stromanschluss vorhanden. Dumping im Ort Nakusp

Halcyon Hot Springs Campground, *www.halcyon-hot-springs.com/accomodations-camping-rv*
33 Stellplätze, 36 $/N 50° 31' 5.3" W 117° 54' 0.7"
Schön angelegter Campingplatz mit Ausblick über den Arrow Lake. Full Hook Up-Stellplätze. Guter Übernachtungsplatz nach dem Besuch der Hot Springs.

Glacier Nationalpark/ Rogers Pass

Illecillewaet Campground, *www.pc.gc.ca/eng/pn-np/bc/glacier/visit/visit8/visit9.aspx*
60 Stellplätze, 21,50 $/N 51° 16' 14.9" W 117° 30' 11.3"
Schöner Campingplatz in einem Tal des Glacier Nationalpark. Er wurde 2003 komplett modernisiert. Bei Sonnenaufgang hat man einen wunderbaren Blick auf die schneebedeckten Gipfel der umliegenden Berge. Am Campingplatz beginnen mehrere Wanderwege in die Selkirk Mountains.

Banff

Tunnel Mountain Campgrounds, *www.pc.gc.ca/eng/pn-np/ab/banff/activ/camping.aspx*
www.albertawow.com/campgrounds/Tunnel_Mountain/Tunnel_Mountain.htm
300 Tunnel Mountain Road, Banff/zusammen über 950 Plätze, 28 bis 38 $/
N 51° 11' 24.1" W 115° 31' 0.0"/N 51° 11' 16.4" W 115° 32' 23.5",
Riesiger Campingkomplex, bestehend aus 3 Campingplätzen, in stadtnaher Lage. Gute Ausstattung und ordentliche Sanitäreinrichtungen. Der beliebteste Platz ist der Tunnel Mountain Village 1, jedoch ohne Strom und Wasser am Stellplatz. Tunnel Mountain Trailer hat Full Hook Up. Alle

drei Campingplätze sind in der Saison stark besucht. Eine Reservierung ist unter *www.reservation.pc.gc.ca* möglich.

Banff Nationalpark

Johnston Canyon Campground, *www.pc.gc.ca/eng/pn-np/ab/banff/activ/camping/johnston.aspx*
132 Stellplätze, 27,40 $/N 51° 14' 32.6" W 115° 50' 10.4"
Der beliebte Campingplatz liegt nur 25 Kilometer nordwestlich der Stadt Banff und wird gern als Ausweich- oder Alternativplatz zu den Tunnel Mountain Campgrounds angefahren. Schön gelegen am Johnston Creek. Duschen und Dumpingstation vorhanden. Der Platz ist Ausgangspunkt für Wanderungen durch den Johnston Canyon.

Mosquito Creek Campground, *http://www.pc.gc.ca/eng/pn-np/ab/banff/activ/camping/mosquito.aspx*
32 Stellplätze, 17,60 $/N 51° 37' 49.6" W 116° 19' 45.5"
Am Icefield Parkway, 24 Kilometer nördlich von Lake Louis gelegen. Beliebter Platz in herrlicher Lage am Mosquito Creek. Einfache Ausstattung, kein Strom, kein Dumping möglich. Trinkwasser steht nur eingeschränkt zur Verfügung.

Waterfowl Lakes Campground, *http://www.pc.gc.ca/eng/pn-np/ab/banff/activ/camping/waterfowl.aspx*
116 Stellplätze, 21,50 $/N 51° 50' 37.7" W 116° 37' 12.6"
Am Icefield Parkway, 57 Kilometer nördlich von Lake Louis gelegen. Der Campingplatz liegt im schönsten Teil des Banff Nationalparks zwischen dem Upper und Lower Waterfowl Lake. Ein kurzer Wanderweg führt direkt zum oberen See. Einfache Ausstattung. Trinkwasser und Dumpingstation verfügbar.

Jasper Nationalpark

Wilcox Creek Campground, *www.pc.gc.ca/pn-np/ab/jasper/activ/camping.aspx*
46 Stellplätze, 16 $, für Wohnmobile bis 8 Meter/N 52° 13' 3.4" W 117° 11' 8.6"
Der Campingplatz liegt etwa einen Kilometer vor dem Icefield Center und dem Sunwapta Pass. Er bietet Platz für kleinere Wohnmobile bis etwa 8 Meter. Einfache Ausstattung, nur Trinkwasser. Der Platz eignet sich hervorragend als Ausgangspunkt für den Wilcox Pass Trail. Auch im Sommer kann es sehr kalt werden.

Icefield Center RV Campground, *www.albertawow.com/campgrounds/Icefields_Centre_RV/Icefields Centre RV Campground.htm*
100 Plätze, 16 $/N 52° 13' 9.9" W 117° 13' 41.3"
Dieser Stellplatz hat mit einem Campingplatz nicht viel gemeinsam. Er ist ein Teil des großen Parkplatzes am Icefield Center, welcher für die Übernachtung im Wohnmobil freigegeben wurde. Der Platz bietet keine Ausstattung und keinerlei Versorgung – dafür einen einmaligen Panoramablick auf die umliegenden Gletscher. Auch hier muss ganzjährig mit Nachtfrost gerechnet werden.

Wapiti Campground, *www.campscout.com/campground/AB0102*
362 Stellplätze, 27,40 bis 32,30 $/N 52° 50' 28.1" W 118° 4' 10.0"
Komfortplatz, etwa 6 Kilometer vor Jasper am Icefield Parkway gelegen. Schöne Lage am Athabasca River. Stellplätze teilweise mit Stromanschluss. Warme Duschen, Trinkwasser, Dumpingmöglichkeit vorhanden.

Whistlers Campground, *www.campscout.com/campground/AB0103*
784 Stellplätze, 27,40 bis 38,20 $/N 52° 51' 16.4" W 118° 4' 41.9"
Größter Campingplatz im Nationalpark, nur 3 Kilometer von Jasper entfernt. Im lichten Wald gelegen, Stellplätze mit Stromanschluss und auch mit Full Hook Up verfügbar. Teils lange Wege zum Sanitärgebäude mit warmen Duschen. Auf dem Platz kann man manchmal Wapiti Hirsche beobachten, die zwischen den Stellplätzen äsen.

Wells Gray Provincial Park

Clearwater Lake Campground/Falls Creek Campground, *www.env.gov.bc.ca/bcparks/explore/parkpgs/wells_gry*
www.explorewellsgray.com
zusammen 80 Stellplätze, 16 $/N 52° 8' 33.2" W 120° 11' 27.7"
Wunderschön am Clearwater River (Falls Creek Campground) und am Clearwater Lake gelegene Campingplätze am Ende der 65 Kilometer langen Clearwater Valley Road. Dumpingmöglichkeit am nördlichen Ende des Falls Creek Campgrounds. Bootsverleih und Touren direkt am Clearwater Lake (*http://www.clearwaterlaketours.com*). Gute Wandermöglichkeiten.

Kamloops

Paul Lake Provincial Park, *www.env.gov.bc.ca/bcparks/explore/parkpgs/paul_lk*
www.kamloopsparks.com/paul_lake.html
90 Stellplätze, 16 $/N 50° 45' 8.4" W 120° 6' 42.1"
Anfahrt über Paul Lake /Pinantan Pritchard Road. Abzweig vom Highway 5 etwa fünf Kilometer nördlich von Kamloops. Schöner Badesee mit Sandstrand, 500 Meter vom Campingplatz entfernt. Einfache Ausstattung.

Harrison Hot Springs/ Sasquatch Provincial Park

Hicks Lake Campground, *www.env.gov.bc.ca/bcparks/explore/parkpgs/sasquatch*
72 Stellplätze, 21 $/N 49° 21' 3.5" W 121° 44' 41.2"
Anfahrt ab Harrisson Springs am Ostufer des Harrison Lakes (Rockwell Drive) zum Campingplatz. Naturnah, direkt am glasklaren Hicks Lake. Kanada pur!! Einfache Ausstattung. Ein sechs Kilometer langer Trail führt um den See.

INTERNETADRESSEN

Vancouver Informationen
www.tourismvancouver.com/travel-trade/international-sites/german

SkyTrain Stations Vancouver
www.translink.ca/en/Schedules-and-Maps/SkyTrain.aspx

2 VON VANCOUVER ISLAND BIS IN DEN NORDEN

Die schönste Insel an der Pazifikküste, eine atemberaubende Fährpassage und ein einsamer Highway

Start- und Endpunkt: Vancouver (BC) und Watson Lake (YK) **Alternativ:** Kurze Inseltour Vancouver Island und Rückfahrt mit der Fähre ab Nanaimo nach Vancouver North **Hinweis:** Bitte bei der Anmietung des Wohnmobils beachten, dass der Cassiar Highway auf einigen kurzen Teilstücken im nördlichen Bereich nicht asphaltiert ist. Eventuell ist eine ausdrückliche Erlaubnis des Vermieters erforderlich. **Beste Jahreszeit:** Mitte Mai bis Anfang Oktober **Streckenlänge ohne/mit Abstecher:** 1998 km/2338 km **Fahrzeit:** 3 Wochen/kurze Tour mindestens 1 Woche **Streckenlänge kurze Tour:** 800 km (alle Angaben sind Straßenkilometer) **Anschlussrouten/Kombination:** Ab Prince George Tour 3 oder ab Watson Lake Teilstrecke von Tour 3

Unsere zweite Tour ist an Vielseitigkeit kaum zu überbieten. Wir starten im quirligen Vancouver und bereisen Vancouver Island, die größte und schönste Insel an der Westküste Nordamerikas, von Victoria im Süden bis nach Port Hardy im dünn besiedelten Norden. Auf einer Minikreuzfahrt durch die zerklüftete Inselwelt erreichen wir Prince Rupert. Einsamkeit und Wildnis pur erleben wir dann auf dem Stewart-Cassiar Highway. Ein Abstecher nach Hyder in Alaska gehört natürlich zum Pflichtprogramm. Mächtige Gletscher und Bären beim Lachsfang sind dort die Highlights.

Von Vancouver nach Victoria

Unsere zweite Tour beginnt in Vancouver, genauer gesagt am Fähranleger in Tsawwassen (die Sehenswürdigkeiten und Campingmöglichkeiten von Vancouver sind in Tour 1 beschrieben). Von hier erreichen wir in knapp zwei Stunden die Swartz Bay auf Vancouver Island. Es ist die landschaftlich schönste Fährstrecke nach Vancouver Island, da sie direkt durch die engen Passagen der Gulf Islands führt. Die Inseln sind fast zum Greifen nah, und wenn dann an einer engen Stelle auch noch die Fähre der Gegenrichtung kommt, wird es richtig spannend. Bis zu 16-mal täglich verkehrt die Fähre in der Saison, trotzdem ist eine Vorreservierung zu empfehlen. Nach der Ankunft auf Vancouver Island fahren wir auf dem Patricia Bay Highway 17 in Richtung Victoria. Die Straße führt direkt am Ufer des Elk Lake vorbei. Hier bietet sich ein kurzer Picknick- oder Badestopp an (Ausschilderung Elk Lake Park), bevor wir in die Hauptstadt von British Columbia weiterfahren.

Die Orientierung in der Stadt ist relativ einfach. Ein Cityparkplatz befindet sich in der Superior Street/Ecke Menzies Street. Um diesen zu erreichen, bleiben wir immer auf dem Highway 17, bis dieser auf den Highway 1 mündet. An der nächsten Kreuzung fahren wir dann rechts auf die Superior Street. Vom Parkplatz lässt sich alles Interessante in Victoria zu Fuß erreichen. Den Mittelpunkt der Stadt bildet der innere Hafen (Inner Harbour). Eine gepflegte blumengeschmückte Promenade empfängt uns hier. Bänke laden zum Verweilen ein. Am Kai liegen Jachten und Ausflugsboote, Wasserflugzeuge starten und landen, und eingerahmt wird dieses maritime Ambiente von den zwei Prachtbauten Victorias, dem efeuumrankten Empress Hotel und dem Parliament Building. Beide Gebäude wurden von dem jungen englischen Architekten Francis Rattenbury entworfen. Sie sind absolut sehenswert und können auch im Inneren besichtigt werden. Im Parlament werden geführte Rundgänge angeboten, und die britische Atmosphäre des Empress Hotels erlebt man am besten in der majestätischen

Lobby beim Afternoon-Tea, täglich ab 12:00 Uhr. Mit rund 50 $ pro Person jedoch ein nicht ganz preiswertes Vergnügen. Im großen Visitor Centre im nördlichen Bereich des inneren Hafens gibt es gute Tipps, nicht nur für Victoria.

Bei einem Bummel durch Old Town Victoria, die sehenswerte, im traditionellen Stil restaurierte Altstadt mit ihren alten Gaslampen und den gepflasterten, engen Gassen, wird

Natursee auf Vancouver Island

Hafenpromenade in Victoria

man an die Pioniertage erinnert. Um den Bastion Square, den Standort des alten Fort Victoria, verlaufen heute die Haupteinkaufsstraßen, und zwei Blocks weiter erreichen wir den Market Square. Dort, wo zu Zeiten des Goldrausches die Saloons, Bordelle, Opiumhöhlen und andere Vergnügungsetablissements darauf warteten, den Goldsuchern und Abenteurern das Geld aus der Tasche zu ziehen, sind heute schicke Cafés und Spezialitätengeschäfte eingezogen. Nicht verpassen sollte man einen Besuch des Royal British Columbia Museum, direkt zwischen Empress Hotel und Parlamentsgebäude gelegen. Es wurde 1886 gegründet und zählt zu den besten Museen in Kanada. Die Natur- und Kulturhistorie der Provinz wird sehr anschaulich dargestellt, und ein nachgebauter kompletter Straßenzug aus dem frühen 20. Jahrhundert zeigt eindrucksvoll das Leben in Victoria zu dieser Zeit. Im Thunderbird Park hinter dem Museum wird die größte und beste Totempfahlsammlung in British Columbia präsentiert. Die meisten dieser Kunstwerke wurden vom berühmten indianischen Künstler Mungo Martin in den 50er-Jahren geschaffen.

Ob man sich für Victoria ein oder zwei Tage gönnt, hängt vor allem von der zur Verfügung stehenden Zeit ab. Auf eine Fahrt auf dem Scenic Marine Drive sollte man aber auf keinen Fall verzichten. Es ist eine auch für Wohnmobile gut befahrbare Panoramastraße, die immer am Wasser entlang um die Saanich Peninsula bis zur Cadboro Bay führt. Am Weg liegen alte Herrenhäuser mit gepflegten Gärten und Villen der wohlhabenden Oberschicht. Besonders im vornehmen Stadtteil Oak Bay wird das Klischee der britischen Kolonialhauptstadt gepflegt. Immer wieder ergeben sich schöne Ausblicke auf die Juan de Fuca Strait und die San Juan Islands. Der Willows Beach lädt zu einem Strandspaziergang ein.

Das Fisgard Lighthouse ist der älteste Leuchtturm an Kanadas Westküste.

An der West Coast bis Port Renfrew

Wir verlassen Victoria auf dem Highway 1 nach Westen und biegen dann auf den Highway 14 in Richtung Sooke/Port Renfrew ab. Nach 30 Kilometern erreichen wir Sooke, den letzten größeren Ort auf dieser Strecke. Spätestens hier sollte man nochmals tanken und evtl. die Vorräte auffüllen. Der Ort selbst ist aber mehr als nur eine Versorgungsstation. Er ist bekannt für seine ausgezeichneten Kunstgalerien und für das lokale Festival zum Canada Day im Juli, dem Höhepunkt in der Region. Umzüge, Holzfällerwettbewerbe,

Countrymusik und viel Spiel und Spaß für die ganze Familie werden geboten. Für uns ist der Umstand etwas befremdlich, dass weder am Tag noch am Abend Alkohol ausgeschenkt wird. Es ist ein »No alcohol & No drugs«-Event. Aber die Kanadier können auch ohne Alkohol gut feiern – und die Stimmung ist jedes Mal einmalig.

Hinter Sooke windet sich die West Coast Road, wie der Highway 14 hier heißt, immer in Küstennähe bis zum French Beach Provincial Park. Der kleine Park schützt einen Küs-

» SPECIAL – VICTORIA

Victoria – vom Pelzhandelsposten zur Hauptstadt von British Columbia

Die indianische Besiedlung von Vancouver Island reicht mindestens 4000 Jahre zurück. Als George Vancouver im Jahr 1792 als erster Europäer das Gebiet der heutigen Stadt Victoria betrat, war die Halbinsel von ca. 1600 Songhees-Indians bewohnt. Die europäische Besiedlung begann 1843 mit dem Bau von Fort Camosun, dem späteren Fort Victoria.
James Douglas wurde von der Hudson's Bay Company beauftragt, diesen Handelsposten als Hauptquartier der Company auf der Insel zu errichten. 1849 wurde Vancouver Island zur britischen Kronkolonie erhoben und Victoria zur Hauptstadt ernannt. Pelzhandel, Holzwirtschaft, Fischerei und Landwirtschaft florierten und brachten weiteres Wachstum.
Mit dem Goldrush am Fraser River kamen ab 1858 vor allem Goldsucher in die Stadt. Bis zu 20 000 Glücksritter nutzen Victoria als Ausgangspunkt für ihre Weiterreise nach Yale. Die Hudson's Bay Company baute ein neues Warenhaus, um die Goldsucher mit Lebensmitteln, Schürfpfannen, Kleidung, Waffen und Munition auszustatten. Die Stadt platzte aus allen Nähten, wuchs innerhalb weniger Monate von 300 auf über 5000 Einwohner. Allein im Sommer 1858 wurden 225 neue Gebäude errichtet. Um diese Entwicklung noch weiter zu forcieren, wurde die Stadt 1860 zum Freihafen erklärt.
Als 1866 die britischen Kolonien Vancouver Island und British Columbia zusammengelegt wurden, übernahm Victoria ab 1868 als damals einzige »richtige« Stadt die Hauptstadtfunktion. Auch nach dem Beitritt der Vereinigten Kronkolonie zur kanadischen Konföderation blieb Victoria die Hauptstadt der Provinz British Columbia, ungeachtet dessen, dass Vancouver durch die Eisenbahnanbindung schnell eine viel größere wirtschaftliche Bedeutung erlangte.

Ausflugsziele im Westen Victorias

Fort Rodd Hill ist eine historische Artilleriefestung, die von 1890 bis 1956 die Juan de Fuca Strait und den Hafen gesichert hat. Direkt vor dem Fort steht das Fisgard Lighthouse, der älteste Leuchtturm an Kanadas Westküste. Seit 1860 bis heute ist er ununterbrochen in Betrieb. 1929 wurde das Leuchtfeuer automatisiert, sodass kein Leuchtturmwärter mehr ständig vor Ort sein musste.
Über den Ocean Boulevard, er verläuft auf einer zwei Kilometer langen Landzunge zwischen der Esquimalt Lagune und dem Meer, und die Metchosin Road erreicht man das nur wenige Kilometer entfernte Hatley Castle, ein neugotisches Anwesen im Stil einer schottischen Herrschaftsresidenz. Der Industrielle und spätere Premierminister James Dunsmuir ließ es als seine Privatresidenz bauen. Das Anwesen ist von einer gepflegten Parkanlage im altenglischen Stil mit uralten Bäumen und von mehreren Themengärten umgeben.

Camping in und westlich von Victoria

An der Westbay Marina, gegenüber von Downtown Victoria, liegt der sehr stadtnahe und schön am Wasser gelegene Westbay RV Park. Eine Reservierung wird empfohlen. Die Altstadt ist über die Johnson Street Bridge in 30 Minuten zu Fuß erreichbar, oder man nimmt die Harbour-Fähre.
Der Fort Victoria RV Park liegt auch noch ziemlich stadtnah. Von hier sind es acht Kilometer bis in die City (Buslinie 14). Durch seine Größe ist es wahrscheinlicher, dass man hier einen Übernachtungsplatz findet. Der schön angelegte Platz verfügt übrigens auch über eine große Anzahl Münzwaschmaschinen und Trockner.
Camping ist ebenfalls auf dem nahe am Highway 1 gelegenen Thetis Lake Campground oder im Goldstream Provincial Park möglich. Letzterer ist besonders idyllisch inmitten alter Douglasien- und Zedernwälder gelegen und bietet auch zahlreiche Möglichkeiten für Outdoor-Aktivitäten.

Campingplatz direkt an der Juan de Fuca Strait

tenstreifen mit dichten Douglasien-, Hemlocktannen- und Sitkawäldern. Weißkopfseeadler und Fischadler, aber auch Pumas und Schwarzbären leben hier in den Küstenwäldern. Zum Park gehört ein Campingplatz.

In Jordan River, einer kleinen Holzfällergemeinde, erreicht die West Coast Road wieder die Küste. Hier gibt es kurz vor der Brücke über den Jordan River einen kleinen Stellplatz. Der Platz ist als Jordan River Recreation Site ausgeschildert. Er bietet kaum Ausstattung, dafür aber herrliche Stellplätze mit Picknicktischen direkt am Strand. In wenigen Minuten haben wir genügend Treibholz für das abendliche Lagerfeuer gesammelt und genießen jetzt im Campingstuhl den Ausblick auf die Juan de Fuca Strait. Bei guter Sicht erkennt man die Küstenlinie von Washington State (USA) und die Olympic Mountains. Mit viel Glück kann man Seelöwen, Seerobben und sogar Schwertwale beobachten.

Unser Ziel und der Höhepunkt unserer Fahrt an der Westküste ist der Juan de Fuca Provincial Park. Hauptort und Mittelpunkt des Parks ist die kleine Siedlung Port Renfrew. Zu Hippiezeiten galt der Ort als Aussteigerparadies, mittlerweile leben hier gerade mal noch 130 Einwohner. Kaum einen Touristen würde es hierher verschlagen, wenn nicht zwei der schönsten kanadischen Wanderwege hier ihren Ausgangspunkt hätten. Der West Coast Trail, 75 Kilometer lang, verläuft bis Bamfield durch absolut unberührte Natur. Der Trail ist nicht ausgebaut und nur sparsam gekennzeichnet. Flüsse müssen mit einfachsten Hilfsmitteln überwunden werden, und nach einem starken Regen ist der Trail zum Teil für Tage nicht passierbar. Also ein Abenteuer für absolute Wildnisenthusiasten. Für den Wanderweg braucht man ein Permit, damit steuert und reglementiert die Parkverwaltung die Anzahl der Wanderer.

Gut, dass es noch einen zweiten, etwas leichteren, aber kaum weniger schönen Wanderweg gibt. Der Juan de Fuca Marine Trail beginnt ebenfalls in Port Renfrew und endet nach 47 Kilometern am China Beach, kurz vor Jordan River. Anders als beim West Coast Trail kann man hier auch kleinere Wanderungen oder Halbtagestouren unternehmen, weil der Zugang zum Trail an mehreren Stellen direkt von der Straße nach Port Renfrew möglich ist. Auch auf kleinen Teilstücken erschließt sich dem Wanderer die Ursprünglichkeit des gemäßigten kanadischen Regenwaldes mit seinen uralten bemoosten Bäumen, den riesigen Farnen und meterhohen Gräsern. Der Trail führt durch tiefe Schluchten, über umgestürzte Bäume und wackelige Hängebrücken. Es gibt immer wieder die Möglichkeit, einen Abstecher zum Strand zu machen.

Auch ab Port Renfrew sind Kurzwanderungen möglich. Eine sehr empfehlenswerte Kurztour führt zum Botanical Beach, einem felsigen Strandabschnitt mit unzähligen kleinen und größeren Tide-Pools, die sich bei Flut mit Wasser und verschiedenen kleinen Meeresbewohnern wie Muscheln, Krebsen, Krabben oder Seeanemonen füllen. Bei Ebbe bleiben viele dieser Tiere zurück und können wie in einem Aquarium beobachtet werden.

Über Forststraßen nach Duncan und weiter bis Nanaimo

Der Highway 14 endet in Port Renfrew, wir müssen entweder die gleiche Strecke auf der West Coast Road zurückfahren oder die schmale, teilweise geschotterte Forestry Road nach Duncan nutzen. Wir empfehlen diese Alternativstrecke, wobei eine Nachfrage zum Straßenzustand in der Visitor Information Port Renfrew nicht schaden kann. Die Straße wird oft von Langholzfahrzeugen genutzt, denen man am besten Platz macht oder sie überholen lässt. Die Pacific Marine Road führt durch dichten Wald, vorbei an dem idyllisch gelegenen Fairy Lake und dem etwas kleineren Lizard Lake nach Mesachie Lake und weiter zur kleinen Ortschaft Lake Cowichan. Hier besteht die Möglichkeit, am 32 Kilometer langen Lake Cowichan einen Stopp einzulegen oder zu übernachten. Die Youbou Road ver-

Vom Juan Juan de Fuca Marine Trail bieten sich grandiose Ausblicke auf die Küste.

In Duncan stehen 80 geschnitzte und bunt bemalte Totempfähle.

läuft am Nordufer des Sees entlang. Dort gibt es schöne Picknickplätze in der Natur, oder man fährt gleich in den Gordon Bay Provincial Park (ab Mesachie Lake in Richtung Honeymoon Bay) mit Campingplatz. Der Park zählt zu den wärmsten Orten auf Vancouver Island, und der See hat sehr angenehme Temperaturen zum Baden.

Über den gut ausgebauten Cowichan Valley Highway 18 erreichen wir Duncan, eine Stadt mit 5000 Einwohnern, die ihren Ursprung in der florierenden Holzindustrie hatte. Über hundert Jahre lebte die Stadt und die ganze Region vom Holzeinschlag und der Holzverarbeitung, bis in den 80er-Jahren die Nachfrage sank und die großen Forstbetriebe und Sägewerke schließen mussten. Im British Columbia Forest Museum, dem größten seiner Art in British Columbia, wird die Geschichte der Holzindustrie anschaulich dargestellt. Neben den Ausstellungen gibt es auf dem 40 Hektar großen Außengelände verschiedene Vorführungen, zum Beispiel in der Sägemühle, in der Schmiede und im alten Holzfäller-Camp. Zwölf historische Lokomotiven sind zu besichtigen. Die verschiedenen Outdoor-Attraktionen erreicht man mit einem historischen Schmalspur-Dampfzug. Eine weitere Besonderheit in Duncan sind 80, teilweise recht kunstvoll geschnitzte und bunt bemalte Totempfähle, die im ganzen Stadtgebiet und vor allem im indianischen Quw'utsun' Cultural and Conference Centre zu sehen sind. Ein mit gelben Fußabdrücken markierter Rundweg führt zu den Pfählen. Duncan bezeichnet sich selbst als »City of Totem« und nimmt damit die Kultur der First Nations in ihr Selbstbild auf. Die Pfähle sind Leihgaben der hier ansässigen Cowichan-Stämme.

Ähnlich wie in Duncan, nur vielleicht noch etwas konsequenter, hat sich Chemainus für den Tourismus gerüstet. Als aus den gleichen Gründen wie in Duncan 1982 das riesige Sägewerk (es galt als eines der größten weltweit) schließen musste und der Ort den wichtigsten Arbeitgeber verlor, ließ sich das Holzfällerstädtchen etwas Besonderes einfallen. Die Stadtverwaltung beauftragte einen kanadischen Künstler, ein großflächiges Wandbild zu erstellen, welches die Heimatgeschichte dokumentierte. Der Erfolg des Bildes »Steam Donkey At Work« war so groß, dass in den Folgejahren weitere 35 Wandbilder folgten. Das Konzept ist aufgegangen. Über 300 000 Touristen kommen jedes Jahr in die Stadt und geben hier Geld aus. In der Tourist-Information gibt es einen Stadtplan mit der Liste der 36 Murals. Zwischenzeitlich haben sich im Ort viele Maler und Kunsthandwerker angesiedelt. Straßencafés und Restaurants tragen zur angenehmen Atmosphäre des Ortes bei. Die »The Little Town That Did«, wie sich Chemainus selbst nennt, erreicht man von Duncan am schnellsten auf dem Highway 1. Ein schönerer Weg ist die Fahrt über die Maple Bay Road in Richtung Strait of Georgia und dann über den Highway 1A nach Chemainus.

Auch auf der Weiterfahrt benutzen wir den Highway 1A bis Ladysmith, dann biegen wir auf den Trans-Canada Highway 1 ab und fahren bis Nanaimo, der zweitgrößten Stadt

Wandmalereien sind die Attraktion in Chemainus.

der Insel. Die Besiedlung der Bucht durch Europäer begann 1852, als hier große Kohlevorkommen gefunden wurden. Wobei »gefunden« eigentlich nicht der richtige Begriff ist. Die Salish-Indians haben den Vertretern der Hudson's Bay Company selbst den schwarzen Felsen gezeigt. Der Industrielle Robert Dunsmuir verdiente mit der Kohleförderung und dem Bau der Eisenbahn von Victoria nach Nanaimo ein Vermögen. Heute sind die Kohlebergwerke geschlossen, die Stadt lebt von der Fischerei, vom boomenden Hafen und vom Tourismus. Besonders die schöne Uferpromenade lädt zu einem Spaziergang ein, und auf der Sonnenterrasse eines der vielen Restaurants kann man gut relaxen.

Nur einen Steinwurf von der Küste entfernt liegt Newcastle Island. Die kleine autofreie Insel wurde komplett zum Newcastle Island Marine Provincial Park erklärt und bietet 18 Kilometer Wanderwege und einen schönen Strand. Sie ist nur mit der Fähre (jede halbe Stunde, 10 Minuten Fahrzeit) erreichbar.

Noch interessanter ist ein Ausflug zu den mehr als 200 Inseln in der Strait of Georgia, die als Gulf Islands bezeichnet werden. Die größeren Inseln wie Salt Spring Island, Galiano Island oder Pender Island werden regelmäßig von Fähren angelaufen, die kleineren sind nur individuell per Boot oder mit dem Kajak erreichbar. Das sonnenreiche, warme Klima, die Ruhe und Abgeschiedenheit, aber vor allem die Landschaft der einmaligen Inselwelt ziehen nicht nur Kunsthandwerker und Aussteiger, sondern auch eine große Anzahl Individualtouristen an. Leider bleibt uns für solch einen längeren Ausflug meist nicht genug Zeit.

Zum Übernachten bietet sich in Nanaimo der Living Forest Oceanside Campground als stadtnaher Platz (5 km südlich vom Zentrum Nanaimo) oder der Westwood Lake RV Camping an. Herausragende Attraktionen bietet Nanaimo nicht. Man verpasst nicht viel, wenn man bei Zeitmangel die Stadt auf dem Nanaimo Parkway/Highway 19 umfährt.

Am Long Beach sind Blumen selten.

Quer über die Insel zum Pacific Rim National Park

Wir bleiben auf dem Highway 19 und verlassen Nanaimo in nördlicher Richtung. Der Highway verläuft landschaftlich schön durch Wälder, später nahe der Küste durch bewaldete Dünen. Der Zugang zum Strand ist durch viele Privatgrundstücke kaum möglich. Erst im Rathtrevor Beach Provincial Park (Highway 19, Ausfahrt 51, Rathtrevor Road, dann der Beschilderung folgen) haben wir wieder ungehinderten Strandzugang. Hier beginnen die besten Strände der gesamten Inselostküste, dementsprechend überlaufen ist der Küstenstreifen bis Qualicum Beach. Für uns ist es eine gute Gelegenheit, noch mal Sonne zu tanken und im warmen Meerwasser zu schwimmen. Parkplätze und Day Use Areas stehen zur Verfügung. Der Park sowie der gesamte Küstenstreifen sind bei kanadischen Urlaubern sehr beliebt. Für die Übernachtung steht ein großer Campingplatz zur Verfügung. Man sollte aber früh einchecken oder rechtzeitig reservieren.

Wem die Hektik zu groß ist oder wer keinen Platz mehr bekommen hat, kann auch den wildromantischen Englishman River Falls Provincial Park (Errington Road, Errington) ansteuern. Der Park liegt 13 Kilometer südwest-

Natur pur am Mallard Lake auf Newcastle Island

lich von Parksville, er wurde nach einem hier ertrunkenen Einwanderer benannt. Im Park besteht die Möglichkeit zu campen und am Englishman River zu wandern. Ein kurzer Trail (ca. 1 Stunde) führt vom Parkplatz zu den zwei Wasserfällen des Flusses und bietet Bademöglichkeiten.

Zurück auf dem Highway 4 tangieren wir bis Port Alberni noch zwei Provincial Parks, die einen kurzen Stopp wert sind. Kurz vor dem Cameron Lake führt rechts eine kleine Straße zum Little Qualicum Falls Provincial Park. Ein Wanderweg führt durch Douglasien und Hemlocktannen-Wälder am Canyon des Little Qualicum River entlang bis zu den Wasserfällen. Nach reichlich einer Stunde sind wir wieder am Wohnmobil. Auf dem Highway 4 passieren wir den durch seinen Fischreichtum bekannten Cameron Lake. Besonders Forellen und Lachse leben in dem klaren tiefen See. Am westlichen Ende des Sees erreichen wir einen kleinen Parkplatz am Highway. Hier im MacMillan Provincial Park beginnt der kurze, aber sehr interessante Cathedral Grove Trail. Riesige, bis zu 800 Jahre alte Douglasien säumen den Weg. Das kleine Wäldchen wurde in seinem ursprünglichen Zustand belassen und gibt uns ein Gefühl dafür, wie es auf Vancouver Island aussah, bevor die weißen Siedler kamen und den Wald schonungslos abholzten.

Nach so viel Natur wäre eine kleine Abwechslung willkommen, aber Port Alberni hat touristisch nicht sehr viel zu bieten, es ist eine Industriestadt mit viel Holz verarbeitender Industrie. Bei genügend Zeit kann man jedoch einen Tagesausflug mit dem historischen norwegischen Passagier-, Fracht- und Postschiff »MV Frances Barkley« durch das fjordähnliche Alberni Inlet zur Westküste unternehmen. Das Postschiff versorgt abgelegene Fischerdörfer, Holzfällercamps und manchmal auch nur die Bewohner einer einzelnen Blockhütte, bevor es in Bamfield für eine Stunde anlegt. Schon wegen der grandiosen Küstenland-

Port Alberni

Morgendunst über dem Kennedy Lake

schaft lohnt sich die Fahrt, und mit etwas Glück kann man Seelöwen und Wale beobachten. Nach zehn Stunden endet dieser Tagesausflug wieder in Port Alberni.

Nachdem wir vorsorglich unseren Kühlschrank und den Kraftstofftank gefüllt haben, geht es weiter auf dem Pacific Rim Highway 4 in Richtung Westen. Knapp 100 Kilometer sind es noch bis zur Küste, und diese Strecke gehört zu den eindrucksvollsten Landschaften auf Vancouver Island. Zunächst fahren wir am Nordufer des Sproat Lake entlang. Die Straße führt durch Wälder und gibt immer wieder fantastische Ausblicke auf den See frei. Dann folgen wir dem Taylor River bis zum Sutton Pass. Obwohl er nur 240 Meter hoch ist, bildet er die Wetterscheide zwischen Ost- und Westküste. Oftmals hängen dichte Nebelwolken über dem Kennedy Lake und der Küste, es regnet hier auch häufiger als im Osten. In diesem feuchten Klima entstand der Küstenregenwald. Wir fahren auf kurvenreicher Straße entlang dem Kennedy River und später dem Kennedy Lake talwärts. Auf der ganzen Strecke gibt es keine Besiedlung, keine Versorgung, nur Natur pur.

An der Gabelung des Highway 4, links geht es nach Ucluelet und rechts nach Tofino, steht das Pacific Rim Visitor Centre. Hier lassen wir uns ausführlich beraten, und mit dem hier erhältlichen Trail Guide sind wir bestens für den Nationalpark gerüstet. Der Pacific Rim National Park, so erfahren wir, besteht aus drei Bereichen – West Coast Trail (siehe auch Port Renfrew), Broken Group Islands, das ist eine Inselgruppe im Barkley Sound, und Long Beach, dem meistbesuchten und am besten erreichbaren Teil des Nationalparks. Schon kurz nach der Straßengabelung in Richtung Tofino beginnt Long Beach. Von den ausgeschilderten Parkplätzen am Pacific Rim Highway 4 ist der »lange Strand« gut erreichbar. Besser ist es jedoch, wenn man direkt zum Kwisitis Visitor Centre, dem größten Bildungs- und Interpretationszentrum des Parks fährt und als Erstes die sehenswerte Ausstellung besucht. Danach gehört ein Strandspaziergang zum Pflichtprogramm. Der wind- und wellenumtoste Long Beach besticht durch seine Ursprünglichkeit. Treibholz, Muscheln und so manches Strandgut wurden hier angeschwemmt. Die schneebedeckten Gipfel der Mackenzie-Berge bilden eine schöne Kulisse. Diese Küstenlandschaft ist einmalig in Nordamerika. Trotz der vielen Besucher ist man schon nach wenigen Hundert Metern fast allein und kann sich völlig ungestört der wilden Natur und der Tierbeobachtung widmen. Direkt hinter den Dünen beginnt der Küsten-Regenwald mit gut ausgeschilderten Lehrpfaden und Trails. Sehr zu empfehlen ist der Rain Forest Trail. Der gut einen Kilometer lange Rundweg bietet naturbelassenen Regenwald vom Feinsten. Die Stämme der rund 800 Jahre alten Riesenbäume sind mit Moos und Farnen bewachsen, die auch auf dem Waldboden einen dichten Teppich bilden. Dazwischen liegen umgefallene, bewachsene und halb verrottete Stämme als Nährboden für neue Bäume.

Drei Kilometer weiter zweigt links die Zufahrt zum einzigen Campingplatz im Nationalpark, dem Green Point Campground, ab. Hier sollte man vorab einen Platz reserviert haben oder zeitig da sein. Alternativ kann der private Campingplatz Crystal Cove Beach Resort empfohlen werden.

Das bevorzugt auf einer schmalen Halbinsel liegende ehemalige Fischerdorf Tofino platzt in den Sommermonaten aus allen Nähten. Dann steigt die Zahl der Bewohner auf das Zehnfache und alles ist auf Tourismus eingestellt. Zahlreiche Restaurants und Touristenunterkünfte sowie Souvenirläden und Kunsthandwerkgalerien verteilen sich auf die wenigen Straßen der kleinen Stadt. Die Attraktionen in Tofino sind Surfen, Hochseeangeln und Walbeobachtung.

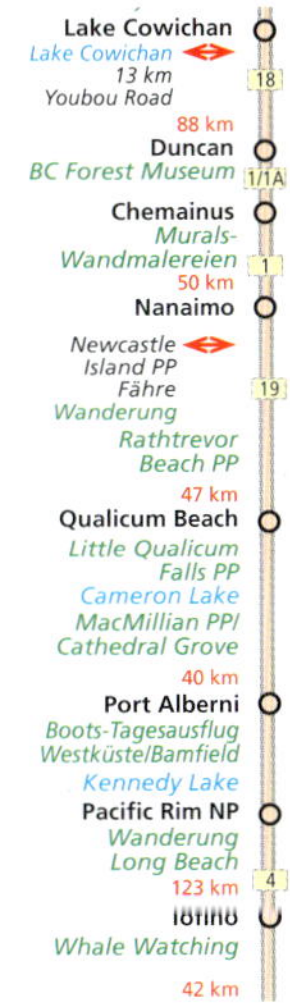

Tofino ist das touristische Zentrum an der Westküste Vancouver Islands.

Die Westküste Vancouver Islands bietet gute Möglichkeiten für »Whale Watching«.

» SEHENSWERTES

»Whale Watching« an der Westküste
Die Westküste Kanadas und ganz besonders die Küstengewässer um Vancouver Island bieten gute Möglichkeiten zur Walbeobachtung. Alljährlich im Frühjahr ziehen etwa 20 000 Grauwale und 2000 Buckelwale aus den warmen Gewässern der Baja California (Mexiko), wo sie ihre Jungen zur Welt gebracht haben, in die futterreichen kalten Gewässer der Bering- und Chukchi Sea zwischen Alaska und Sibirien. Vor Vancouver Island kommen die riesigen Meeressäuger ganz nahe an die Küste heran, weil hier ein dünner, langer Wurm *(Onuphis elegans)* lebt, der den Walen als Nahrung dient. Im Herbst wandern die Wale dann wieder zurück nach Mexiko. Die beste Zeit, um die Wale bei dieser Wanderung zu beobachten, ist von März bis Mai und von September bis Oktober. Aber auch im Sommer ist Walbeobachtung möglich. Eine Gruppe von Walen ist im Clayoquot Sound vor Tofino ansässig geworden und verbringt den ganzen Sommer dort. Auch vor Telegraph Cove lebt den ganzen Sommer eine größere Gruppe Orcas. Beste Ausgangspunkte für Walbeobachtungstouren sind Tofino und Ucluelet, aber auch ab Telegraph Cove werden Touren angeboten. Interessant dabei ist die Option einiger Veranstalter, dass die Tour kostenlos wiederholt werden kann, wenn keine Wale zu sehen waren. Höhepunkt einer Whale Watching Tour ist zweifellos die Beobachtung einer Gruppe Grauwale, von denen jedes Tier bis zu 15 Meter lang und 35 Tonnen schwer sein kann. Es ist eines der beeindruckendsten Urlaubserlebnisse auf Vancouver Island.

Am südlichen Ende von Long Beach liegt Ucluelet. Der Ort wirkt viel ruhiger als Tofino, bietet aber ähnliche touristische Aktivitäten. Am Südostende von Ucluelet beginnt der wirklich lohnenswerte Wild Pacific Trail. Der Wanderweg besteht aus drei Abschnitten, wobei der Lighthouse Loop am interessantesten ist. Die 2,5 Kilometer des gut ausgebauten Trail könnten in 30 bis 45 Minuten gelaufen sein, aber da es nach jeder Biegung einen neuen Aussichtspunkt mit spektakulären Ausblicken auf die wildromantische Küste gibt und man bei diesem tollen Ausblick jedes Mal etwas verweilt, kann die Wanderung schon mal doppelt so lange dauern. Meterhohe Wellen brechen sich mit Gischt und Schaumkronen an den Felsen, ein wunderbares Naturschauspiel. Auch der alte Leuchtturm ist sehenswert. Schon wegen dieser Wanderung lohnt sich der kleine Abstecher nach Ucluelet.

Für die Rückfahrt nach Qualicum Beach gibt es leider keine Alternativstrecke, wir müssen wieder den Pacific Rim Highway nehmen. Bei Qualicum Beach erreichen wir den Highway 19. Für die kurze Inseltour ist hier der nördlichste Punkt erreicht.

Von Qualicum Beach nach Port Hardy

Für die weitere Fahrt nach Norden gibt es bis Campbell River zwei Möglichkeiten. Entweder man nutzt den vierspurig ausgebauten Highway 19, kommt recht zügig voran und nimmt die eintönigere Fahrt in Kauf, oder man wählt die küstennahe Alternativstrecke, den Island Highway 19 A. Beide Straßen führen durch das Comox Valley, ein offenes, weites Tal, das durch die schneebedeckten Berge des Forbidden Plateaus und des Mount Washington im Nordwesten und durch die Küste im Osten begrenzt wird. Comox und Courtenay sind die Hauptorte im Valley und bilden das Zentrum des florierenden Tourismus. Hier ist fast das ganze Jahr Saison. Die Wintertouristen zieht es zu den hervorragenden Skigebieten im Mount Washington Alpine Resort, und im Sommer sind Schwimmen, Tauchen, Reiten, Mountainbiken, Angeln und vor allem Wandern die beliebtesten Freizeitaktivitäten.

» TIPP

Abschluss der kurzen Inseltour

Ab Nanaimo/Departure Bay fährt die Fähre zurück nach Vancouver Nord/Horseshoe Bay. Wer nur Zeit für die kurze Inseltour hat, der wird jetzt mit der Fahrt auf einer herrlichen Panoramastraße entschädigt. Vom Fährhafen Horseshoe Bay trifft man direkt auf den Sea to Sky Highway. Der Highway macht seinem Namen alle Ehre. Zwischen Howe Sound auf der einen und den steilen Felshängen auf der anderen Seite windet sich die Straße nach Norden. Zumindest auf den ersten Kilometern scheint der Highway wirklich zwischen dem Meer und dem Himmel zu schweben. Die 44 Kilometer bis Squamish sollte man sich mindestens gönnen. Weiter auf dem Sea to Sky Highway erreicht man nach weiteren 57 Kilometern Whistler. Hier wurden 2010 die olympischen Ski- und Rodelwettbewerbe ausgetragen. Auf gleichem Weg geht es dann wieder zurück nach Vancouver.

Ein Besuch lohnt sich also immer. Kurz hinter Courtenay zweigt am Exit 130 der Strathcona Parkway vom Highway 19 ab und führt direkt in das Gebiet um den Mount Washington. Hier beginnen herrliche alpine Wanderwege zu Bergseen und Wasserfällen. Der Sessellift zum Gipfel des Mount Washington (1588 m) ist ab Ende Juni in Betrieb und erschließt uns bei gutem Wetter den vielleicht spektakulärsten Blick über die Strait of Georgia bis zu den

Das Wohnmobil ist sicher im Frachtraum verstaut.

Angler mit einem Prachtexemplar eines Chinook Lachses

schneebedeckten Gipfeln der Coast Mountains auf dem Festland. Für diesen Ausflug sind gute Informationen und Wanderkarten erforderlich, die man im Comox Valley Visitor Centre erhält.

Nach einer knappen Fahrstunde erreichen wir mit Campbell River die letzte größere Stadt im Norden von Vancouver Island. Wie etwa 100 andere Städte in Kanada bezeichnet sich auch Campbell River als »Lachshauptstadt«, wobei hier der Titel wohl am ehesten berechtigt ist. Fischfang und Angeln prägen den Charakter des Ortes, die großen Chinook-Lachse stehen im Mittelpunkt des Interesses. Riesige Schwärme dieser bis zu 15 Kilogramm schweren Fische wandern durch einen nur zwei bis drei Kilometer breiten Kanal, einer Meerenge der Strait of Georgia. Das Angeln der Lachse wird hier wirklich zum Kinderspiel, und die meisten Touristen kommen auch nur wegen der Lachse hierher. Die Stadt hat dafür extra den 180 Meter langen Discovery Pier gebaut, auf dem sich täglich Hunderte Angler drängen. Wem das Equipment fehlt, der kann es am Pier mieten und ebenso die Angellizenz erwerben. Das alljährlich im Juli stattfindende Lachsfestival ist der Höhepunkt in der Stadt. Campbell River ist aber auch der Ausgangspunkt für Ausflüge zum Strathcona Provincial Park, dem größten Schutzgebiet auf Vancouver Island und dem ältesten Provincial Park von British Columbia. Der Park ist von Campbell River über den Highway 28 erreichbar. Höhepunkte sind der 2220 Meter hohe Golden Hinde, der höchste Berg der Insel, und die Della Falls, die mit 440 Metern mehr als viermal so hoch sind wie die Niagara Falls. Diese zwei landschaftlichen Höhepunkte liegen leider im unerschlossenen Teil des Provinzparks und sind nur nach mehrtägigen

Discovery Pier in Campbell River

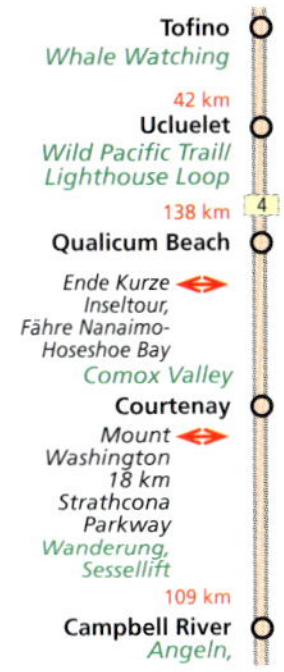

Wanderungen und Kanufahrten in die Wildnis erreichbar. Aber auch der leichter zugängliche Teil des Parks hat seine Reize. Wer einen naturnahen Platz zum Übernachten sucht oder noch etwas Zeit bis zum gebuchten Abfahrtstermin der Fähre hat, wird den nachfolgend beschriebenen kleinen Abstecher in den Park nicht bereuen.

Auf dem Highway 28 erreichen wir vom Ort Campbell River nach 30 Kilometern den wunderschönen Upper Campbell Lake. Die Straße führt jetzt direkt am Ufer des Sees entlang. Picknickplätze laden zu einer Pause ein, und einige schöne und nicht zu lange Trails haben ihren Ausgangspunkt direkt am Highway. Am Ende des Upper Campbell Lake liegt der idyllische Buttle Lake Campground auf einer kleinen Halbinsel. Man kann hier auch den Highway 28 verlassen und auf der Westmin Road weitere 30 Kilometer an der Ostseite des Buttle Lake bis zu den Myra Falls fahren. Auf dem Weg liegt ein weiterer Campingplatz, der Ralph River Campground. Die Rückfahrt auf gleicher Strecke wird durch die tolle Panoramastraße nicht langweilig.

Bei Campbell River treffen wir wieder auf den Highway 19. Bis nach Port Hardy sind es noch 235 Kilometer durch den kaum besiedelten Norden der Insel. Tanken sollte man also nicht vergessen. Der Highway 19 verläuft, jetzt nur noch zweispurig, durch einsame Waldregionen. Der dichte Wald wechselt sich mit kahl geschlagenen Flächen und neu angepflanzten oder jungen Waldbeständen ab. Hier wird die problematische Seite der Holzindustrie mit dem großflächigen Kahlschlag sichtbar. Immer wieder kommen uns große Logging Trucks entgegen, denen wir vorausschauend ausweichen. Erst kurz vor Port McNeill erreicht der Highway 19 wieder die Küste. Ein Hinweisschild macht uns neugierig auf den kleinen Ort Telegraph Cove, den wir vom Abzweig der Beaver Cove Road nach 16 Kilometern erreichen. Im Jahr 1912 endete hier in einer kleinen Einmannstation

» TIPP

Wichtig!
Besonders im Sommer ist es zwingend erforderlich, die Passage schon so früh wie möglich zu buchen. Die Wahrscheinlichkeit, in Port Hardy noch ein Ticket zu bekommen, ist sehr gering, mit Auto ist sie gleich null. Ohne reserviertes Ticket ist es besser, die Tour 2 abzukürzen und ab Nanaimo mit der Fähre nach Vancouver Nord überzusetzen.

» SEHENSWERTES

Die Inside Passage
Als Inside Passage bezeichnet man sowohl die Fährverbindung zwischen Port Hardy und Prince Rupert als auch die Anschlussverbindung zwischen Prince Rupert und Skagway (Alaska). Auf der südlichen Route verkehrt die Fähre im Sommer jeden zweiten Tag in einer Richtung. Abfahrt ist jeweils 07:30 Uhr, Ankunft in Prince Rupert zwischen 22:00 und 23:00 Uhr. Unsere Fähre startet in Port Hardy und durchquert zuerst die Queen Charlotte Strait. Hier kann es schon mal etwas Wellengang geben. Danach erreicht die Fähre den geschützten Fitz Hugh Sound. Ab hier verläuft die Fahrt des in Deutschland gebauten Fährschiffes »Northern Expedition« durch enge Passagen zwischen den Inseln und dem Festland. Zu beiden Seiten des Schiffes türmen sich – manchmal fast zum Greifen nahe – schroffe Felsen, Klippen und bewaldete Berge. Nur wenige Zeichen menschlicher Besiedlung sind zu sehen, manchmal einige Holzhäuser oder Blockhütten, ein Steg mit einem kleinen Boot und eine stillgelegte Fischverarbeitungsfabrik. Einsam steht ein Leuchtturm auf einer Klippe. Wir erleben absolut unberührte Natur. Die Inside Passage zählt für viele Reisende in Kanada zu den eindrucksvollsten Erlebnissen. Ganz billig ist die 15-stündige Fahrt jedoch nicht. Für zwei Personen mit Wohnmobil muss man mindestens 1000 Euro einplanen. Buchungen sind über verschiedene Reiseagenturen in Deutschland oder direkt bei BC Ferries möglich.

Fast zum Greifen nahe sind Klippen und kleine Inseln auf der Fahrt durch die Inside Passage.

Rechte Seite Oben: Restaurants und Shops warten im Cow Bay Viertel in Prince Rupert auf Touristen.

Unten: Totem Poles im Indianerdorf Gitanyow

die Telegrafenleitung von Victoria. Später gründete der Kanadier Marmaduke Wastell mit einigen japanischen Geschäftsleuten eine kleine Fischverarbeitungsanlage. Der eingesalzene Lachs wurde von hier nach Fernost verschifft. Heute ist Telegraph Cove ein kleiner malerischer Ort mit gerade mal 20 Einwohnern. Die gepflegten, bunt gestrichenen Häuser stehen zum Teil auf Stelzen in der Bucht und beherbergen Läden, Pubs, Touristagenturen und auch einige Ferienwohnungen. Bekannt ist der Ort vor allem als Ausgangspunkt für Walbeobachtungstouren.

Port McNeill bietet kaum einen Grund, hier noch einmal die Fahrt zu unterbrechen. Auch das 50 Kilometer weiter nördlich liegende Port Hardy würde wohl kaum jemand besuchen, wäre dort nicht der Abfahrtshafen der berühmten Inside Passage. Auch wir haben die lange Fahrt durch den Norden von Vancouver Island auf uns genommen, weil wir ab Port Hardy unsere Reise mit der Fähre nach Prince Rupert fortsetzen werden.

Für eine Übernachtung bietet sich in Port Hardy der stadtnahe, komfortable Quatse River Campground an. Gleich neben dem Campingplatz kann man sich in der Quatse River Hatchery ansehen, wie verschiedene Lachsarten aufgezogen werden. Nur wenige Meter weiter liegt auf der gleichen Straße als Ausweichmöglichkeit der Pioneer Inn & Riverside RV Park, jedoch ohne Duschen oder Waschräume.

Von Prince Rupert bis Kitwanga

Es wird fast Mitternacht, ehe wir das Gelände des Fährterminals in Prince Rupert verlassen haben. Viel Lust zum Suchen eines Campingplatzes haben wir in der Dunkelheit nicht, und so sind wir froh darüber, dass wir bereits vorab den Prince Rupert RV Campground reserviert haben, den wir schon nach einem Kilometer auf der Park Avenue erreichen.

Prince Rupert ist durchaus einen Kurzbesuch wert. Der neu gestaltete Hafenbereich mit seinen Fährterminals, Geschäften, Restaurants und Cafés lädt zu einem Bummel ein. Im

Cow-Bay-Viertel wurden die historischen Gebäude liebevoll restauriert und beherbergen heute trendige Shops und Kunstgalerien. Dies scheint ganz nach dem Geschmack der vielen Passagiere der Kreuzfahrtschiffe zu sein, die hier regelmäßig anlegen. Die Stadt hat extra ein neues Terminal gebaut, ausgelegt für Schiffe bis 300 Meter Länge. Bei genügend Zeit oder auch bei Regen ist ein Besuch des Museum of Northern British Columbia sehr zu empfehlen. Leider ist die Wahrscheinlichkeit für Regen in Prince Rupert sehr hoch. Statistisch gesehen ist es eine der regenreichsten Städte Kanadas.

Wir verlassen Kaien Island auf dem Yellowhead Highway 16. Direkt nach der Brücke zweigt eine kurze Stichstraße nach Port Edward ab. Hier steht eine der letzten erhaltenen Fischkonservenfabriken, das North Pacific Historic Fishing Village. Von 1889 bis 1952 war sie in Betrieb. Früher gab es an der gesamten Westküste von Kalifornien bis Alaska über 1000 dieser Canneries. Der Fisch musste gleich nach dem Fang verarbeitet werden, und so wurden die Fabriken oftmals in ganz abgelegenen Orten gebaut. Das Arbeiterdorf, die Produktionsanlagen und eine Ausstellung mit vielen Originaldokumenten sind zu besichtigen.

Nach diesem kurzen Abstecher fahren wir zurück bis zum Yellowhead Highway 16 und erreichen nach 25 Kilometern den Skeena River, der hier über 2000 Meter breit ist. Der weitere Straßenverlauf, immer am Ufer des Skeena River entlang, gehört mit zu den schönsten Panoramastrecken in British Columbia. Nach gut 100 Kilometern kommen wir nach Terrace, mit 12 000 Einwohnern die einzige größere Stadt zwischen Prince Rupert und Prince George. Als Versorgungspunkt ist sie recht gut geeignet, sonst gibt es kaum einen Grund, hier länger zu verweilen. Im Lakelse Lake Provincial Park, 18 Kilometer südlich von Terrace am Highway 37, finden wir einen schönen Campingplatz. Der Furlong Bay Campground liegt direkt am See und bietet großzügige Stellplätze. Wieder zurück auf dem Highway 16 folgen wir weiter dem Tal des Skeena River bis zum Abzweig des Stewart-Cassiar Highway 37.

Zu nahe sollte man einem Grizzly nicht kommen.

Waldsee vor den Bergen der Coast Mountains

Auf dem Stewart-Cassiar Highway bis ins südliche Alaska

Wir biegen auf den Stewart-Cassiar Highway 37 ab, der über 730 Kilometer bis nach Watson Lake am Alaska Highway führt. Die Strecke ist etwas für absolute Natur- und Wildnisenthusiasten, eine echte Alternative zum Alaska Highway. Auf der ganzen Strecke gibt es kaum Orte, die Versorgung mit Kraftstoff ist nur an wenigen kleinen Servicestationen möglich. Also möglichst noch in Kitwanga volltanken. 16 Kilometer nördlich von Kitwanga ist der Abzweig zum Indianerdorf Gitanyow ausgeschildert. Ein kurzer Besuch des Ortes lohnt sich, hier stehen einige schöne Totem Poles, darunter auch der berühmte »Hole in the Ice«.

Auf landschaftlich ansprechender und gut ausgebauter Straße fahren wir weiter bis Meziadin Junction, dem Abzweig des Highway 37 A nach Stewart und Hyder (Alaska). Auf diesen Abstecher nach Alaska freuen wir uns schon lange. Schon auf den ersten Kilometern sind wir beeindruckt von der landschaftlichen Schönheit. Anfangs führt der Highway am Ufer des Meziadin Lake entlang, wenig später erreichen wir den Bear Glacier, der seine Eismassen in den darunterliegenden Strohn Lake schiebt. Der Aussichtspunkt am Westende des Gletschersees bietet die

besten Fotomöglichkeiten auf das vor allem bei Sonnenschein blau leuchtende Gletschereis. Vor 100 Jahren füllten die Eismassen noch das ganze Tal bis zum gegenüberliegenden Berghang aus.

Die Straße folgt jetzt dem Bear River, immer wieder gibt der Canyon Ausblicke auf die vergletscherten Coast Mountains frei. Nach 65 Kilometern ab Meziadin Junction haben wir Stewart erreicht. Stewart, bis heute ein Bergbauzentrum, liegt malerisch am Nordzipfel des Portland Canal. Die Stadt wirkt gepflegt, einige historische Häuser aus der Zeit um 1900 sind noch erhalten. Campen kann man im ruhig gelegenen Bear River RV Park. Für uns ist der Ort nur Durchgangsstation auf dem Weg nach Hyder.

Es ist wohl nirgendwo so unkompliziert die Grenze zu den USA zu passieren wie in Stewart/Hyder. Der Grenzbeamte winkt uns nur gelangweilt durch, weiß er doch, dass wir bald wieder zurückkommen. Hyder ist eine Sackgasse, von hier gibt es keine Möglichkeit, auf dem Landweg weiterzukommen. Die Stadt ist mit ihren 90 Einwohnern auch schon fast eine Ghost Town. Sie bezeichnet sich übrigens selbst als »die freundlichste Geisterstadt Alaskas«. Viele Häuser sind baufällig und stehen leer, die Straßen sind nicht asphaltiert. Manches wirkt heruntergekommen und nicht so adrett wie in Stewart, vielleicht spüren wir gerade deshalb das urige Westernambiente so deutlich. Im alten General Store gibt es alles, was man im Westen so braucht: Werkzeug, Waffen, ja, selbst Goldnuggets kann man hier kaufen. Die Kneipen im Ort sind abends gut besucht. Die Einwohner von Stewart kommen dann mal schnell rüber und nehmen hier ihren Drink, der wesentlich billiger als in Kanada ist. Eine Sperrstunde gibt es nicht.

Die eigentliche Attraktion in Hyder ist jedoch der Fish Creek, einige Kilometer außerhalb des Ortes. Über die Salmon River Road erreichen wir den Tongass National Forest, wo uns ein einmaliges Naturschauspiel erwartet. Zwischen Mitte Juli und Ende August ziehen hier die Lachse bachaufwärts. Von einer Aussichtsplattform kann man beobachten, wie die Grizzlys im flachen Wasser die erschöpften Lachse mit ihren Krallen aus dem Wasser ziehen und genüsslich verspeisen. Die beste Zeit dafür ist früh am Morgen und am Nachmittag. Die Rancher geben gern Auskunft.

Die Lachse springen den Bären direkt ins Maul.

Fährt man die Straße am Fish Creek weiter, später verläuft sie entlang dem Salmon River, dann erreicht man auf einer ziemlich kurvenreichen und welligen Piste nach etwa 20 Kilometern den riesigen Salmon Glacier. Sein Anblick entschädigt für die Rumpelstre-

Kanadas Seen sind erstklassige Fotomotive

Der Salmon Glacier bei Hyder schiebt sich unaufhörlich talwärts.

cke. Vielleicht findet sich hier oben auch ein einsamer Übernachtungsplatz. Noch ein Stück weiter liegt die verlassene Premier Goldmine, die Fahrt lohnt sich aber nicht unbedingt, die Piste wird auch immer steiler und schwieriger.

Zurück im Ort Hyder kann man Urlaubsgrüße aus Alaska verschicken (US-Briefmarken erforderlich) und im Grocerystore noch einige Kleinigkeiten einkaufen. Besonders Wein und Bier sind hier wesentlich günstiger als in Kanada. Eine Übernachtung ist auf dem Sealaska Inn & Camp Run-A-Muck möglich.

Bis zum Abzweig Meziadin Junction müssen wir nun auf derselben Straße wieder zurückfahren, dann geht es weiter auf dem Steward-Cassiar Highway 37 nach Norden.

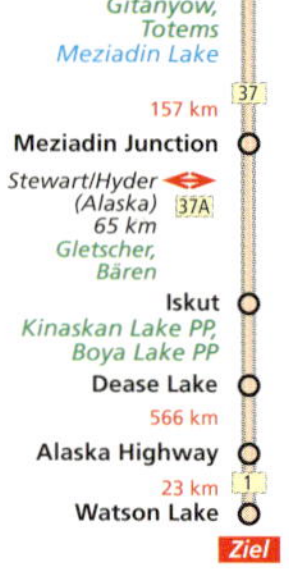

Von Meziadin Junction nach Watson Lake

580 Kilometer durch die Einsamkeit liegen bis Watson Lake noch vor uns. Für diese Strecke sollte man zwei Tage einplanen. Zum einen erlaubt die Straße kein schnelles Fahren, Baustellen und einzelne Schotterabschnitte drücken die Durchschnittsgeschwindigkeit zusätzlich, andererseits ist die Landschaft einfach zu grandios, um die Strecke nur »abzufahren«. Für den Abschnitt von Meziadin Junction nach Iskut trifft dies ganz besonders zu. Zwischen den Coast Mountains im Westen und den Skeena Mountains im Osten verläuft der Highway durch eine überaus reizvolle, ja sogar atemberaubende Landschaft. Mit hoher Wahrscheinlichkeit sieht man Wildtiere, auch Elche und Bären, am Straßenrand oder auch auf der Straße.

Der aufmerksame Beobachter wird vielleicht noch Überreste der Dominion-Telegrafenleitung am Straßenrand erkennen. Über 3060 Kilometer lang verband sie einst Dawson City mit Vancouver. Etwa 208 Kilometer nach Meziadin Junction zweigt die Zufahrtstraße zum Kinaskan Lake Provincial Park ab. Auf dem Campingplatz des Parks gibt es schöne Stellplätze direkt am See. Der nächste Ort auf dem Weg nach Norden ist Iskut, eine 300 Einwohner zählende Siedlung der Tahltan-Indianer. Kurz hinter Iskut erreichen wir den komfortablen Mountain Shadow RV Park mit WiFi und Full Hook-up.

Nur wenige Kilometer weiter überquert der Highway den Stikine River. Westlich der Flussbrücke beginnt der 72 Kilometer lange Grand Canyon of the Stikine. Bis zu 300 Meter tief hat sich hier der reißende Fluss in das Gestein gearbeitet. Durch seine vielen Stromschnellen gilt der Fluss in diesem Bereich als nicht befahrbar. Zahlreiche Spitzen-Kajakfahrer sind schon gescheitert.

Dease Lake, der letzte größere Ort auf der Strecke, bietet noch einmal alle erforderlichen Serviceeinrichtungen. Dann geht es auf die letzten 234 Kilometer bis zum Alaska Highway. Die Gegend, durch die wir jetzt fahren, war 1872 bis 1890 Schauplatz des Cassiar Gold Rush. Hier wurde 1877 von Alfred Freeman ein Goldnugget von 72 Unzen (über 2 kg) in einem Bach gefunden.

Für einen letzten Stopp bietet sich der Boya Lake Provincial Park mit wunderschön gelegenem Campingplatz am warmen Badesee an. Jetzt sind es noch 86 Kilometer bis zum Alaska Highway und weitere 23 Kilometer auf dem Alaska Highway bis Watson Lake, dem Zielpunkt dieser Tour. Die Sehenswürdigkeiten und Campingmöglichkeiten von Watson Lake und der weitere Verlauf des Alaska Highway sind in Tour 3 beschrieben.

Willkommen in Watson Lake!

» PRAKTISCHE HINWEISE

TOURISTINFORMATIONEN

Victoria

Visitor Centre im nördlichen Bereich des inneren Hafens, 812 Wharf Street, Victoria
www.tourismvictoria.com/german

Port Renfrew

Visitor Information, Ortsmitte
www.portrenfrew.com/

Chemainus

Visitor Centre, 9796 Willow Street, Chemainus
www.chemainus.bc.ca

Tofino/Long Beach

Kwisitis Visitor Centre, N 49° 0' 49.5" W 125° 40' 24.3"
www.tourismtofino.com

Cumberland

Comox Valley Visitor Centre: Highway 19, Exit 117, 100-3607 Small Road, Cumberland/
N 49° 38' 4.6" W 125° 0' 9.6"
www.discovercomoxvalley.com

MUSEEN/AUSFLÜGE

Victoria

Royal British Columbia Museum: 675 Belleville Street, Victoria, *www.royalbcmuseum.bc.ca*
Bestes natur- und kulturhistorisches Museum in British Columbia.

Fort Rodd Hill: 603 Fort Rodd Hill Road, Colwood, *www.fortroddhill.com*
Festungsanlage und alter Leuchtturm an der Südküste der Saanich Peninsula.

Hatley Castle: 2005 Sooke Road, Victoria, *www.hatleycastle.com;* Meisterwerk viktorianischer Baukunst mit einem sehenswerten Schlossgarten.

Duncan

British Columbia Forest Discovery Centre: 2892 Drinkwater Road, Highway 1, Duncan, *www.bcforestdiscoverycentre.com;* Interessante Exposition zur Forstwirtschaft in British Columbia.

Quw'utsun' Cultural and Conference Centre: 200 Cowichan Way, Duncan, *www.quwutsun.ca;* Indianisches Kulturzentrum mit einer großen Sammlung von Totems.

Port Alberni

Tagesausflug mit dem Postschiff MV Frances Barkley: Argyle Pier, 5425 Argyle Street, Port Alberni Infos unter *www.ladyrosemarine.com;* Schöner Ausflug durch das Alberni Inlet und entlang der wilden Westküste bis nach Bamfield und zurück. Abfahrt Di, Do und Sa um 8:00 Uhr.

Prince Rupert

Museum of Northern British Columbia: 1001 Avenue West, Prince Rupert – *www.museumofnorthernbc.com*
Im Museum stehen die Kunst, die Kultur und die regionale Geschichte der Nordwestküstenindianer im Mittelpunkt.

Port Edward

North Pacific Historic Fishing Village: 1889 Skeena Drive, Port Edward, *www.northpacificcannery.ca*
Besichtigung der ältesten erhaltenen Lachskonservenfabrik an der Westküste.

CAMPING

(bei einigen Campingplätzen stehen die GPS-Daten für die ausgeschilderte Zufahrt ab Highway)

Victoria

Westbay RV Park (Westbay Marina), *www.westbay.bc.ca/RVPark.aspx*
453 Head Street, Victoria/61 Stellplätze, 35 bis 47,50 $/N 48° 25' 33.7" W 123° 23' 46.8",
Stadtnächster Campingplatz gegenüber Downtown, direkt am Wasser. Mit der Harbour-Fähre ist man in wenigen Minuten in der Innenstadt. Alle Plätze mit Full Hook-up. Die schönsten und teuersten Plätze sind direkt am Wasser mit Blick zum Hafen. Reservierung unter *www.westbay.bc.ca*

Goldstream Provincial Park, *www.env.gov.bc.ca/bcparks/explore/parkpgs/goldstream/ www.goldstreampark.com/camping.htm*
2733 Golden Gate Road, Victoria/167 Stellplätze, 30 $/N 48° 27' 34.1" W 123° 33' 13.0"
Ruhiger und weitläufiger Campingplatz im Goldstream Provincial Park. Idyllisch inmitten alter Douglasien- und Zedernwälder gelegen. Warme Duschen und Dumpingmöglichkeit vorhanden. In der Hauptsaison schon frühzeitig belegt. Schöne Wanderungen durch den Provincial Park möglich.

Sooke

French Beach Provincial Park Campground, *www.env.gov.bc.ca/bcparks/explore/parkpgs/french_bch www.frenchbeachpark.com*
69 Stellplätze, 21 $/N 48° 23' 41.1" W 123° 56' 30.6"
Typischer Park Campground mit großzügigen Stellplätzen zwischen hohen Bäumen mit Picknicktischen und Feuerstellen. Einfache Sanitärausstattung, kein Strom. Dumpingstation vorhanden. Kurzer Fußweg zum Naturstrand an der Juan de Fuca Strait.

Jordan River

Jordan River Recreation Site, *www.crd.bc.ca/parks/reserves/sandcut-jordanriver.htm*
16 Stellplätze, 15 $/N 48° 25' 16.9" W 124° 3' 6.2"
Einfacher Stellplatz fast ohne Ausstattung, aber direkt an der Juan de Fuca Strait gelegen. 10 Stellplätze direkt am Wasser mit herrlichem Ausblick. Tierbeobachtung.

Lake Cowichan

Gordon Bay Provincial Park Campground (Lake Cowichan), *www.env.gov.bc.ca/bcparks/explore/parkpgs/gordon_bay*
122 Stellplätze, 28 $/N 48° 50' 9.4" W 124° 11' 51.1"
Großzügig angelegter Campingplatz am warmen Lake Cowichan mit Badestrand. Beliebter Platz, in der Saison schnell ausgebucht. Warme Duschen und Trinkwasser vorhanden. Kein Strom.

Nanaimo
Living Forest Oceanside Campground, *www.livingforest.com*
6 Maki Road, Nanaimo/300 Stellplätze, 32 bis 48 $/N 49° 7' 49.4" W 123° 54' 44.3"
Stadtnaher Komfortplatz auf parkähnlichen Gelände, direkt am Ufer der Strait of Georgia. Stellplätze mit Stromanschluss und Full Hook-up verfügbar. WiFi gegen Gebühr.

Parksville
Rathtrevor Beach Provincial Park Campground, *www.env.gov.bc.ca/bcparks/explore/parkpgs/rathtrevor*
174 Stellplätze, 30 $/N 49° 19' 21.1" W 124° 16' 3.0"
Besonders bei Familien sehr beliebter Platz direkt am langen Badestrand. Großzügige Stellplätze, Duschen, Trinkwasser und Dumpingstation verfügbar. Kein Strom. In der Saison ist eine Reservierung erforderlich.
Englishman River Falls Provincial Park Campground, *www.env.gov.bc.ca/bcparks/explore/parkpgs/englishman_rv*
103 Stellplätze, 21 $/N 49° 15' 3.6" W 124° 21' 26.5"
Einfach ausgestatteter Campingplatz im romantischen Provincial Park, neun Kilometer westlich von Parksville. Schöne Wanderung zu den Wasserfällen des Englishman River. Badepools am Wasserfall, aber eiskalt!! Kein Strom, keine Dumpingmöglichkeit, nur Trinkwasser.

Tofino
Green Point Campground, *www.pc.gc.ca/pn-np/bc/pacificrim/visit/visit4c.aspx*
94 Stellplätze, 23 $/N 49° 3' 17.3" W 125° 43'8.3"
Einziger Campingplatz im Pacific Rim Nationalpark. Naturnah, ohne Komfort. Schön angelegt, sehr beliebt, häufig ausgebucht. Reservierung oder zeitige Anreise erforderlich. Wanderungen im Küstenregenwald und fünf Minuten Fußweg zum Long Beach.
Crystal Cove Beach Resort, *www.crystalcove.ca/tofino-rv-park-camping*
72 Stellplätze, 58 $/N 49° 7' 38.3" W 125° 53' 58.5"
Sehr schön angelegter und gepflegter Komfortplatz, nur 4 Kilometer südlich von Tofino gelegen. Alle Stellplätze mit Full Hook Up. Sandstrand am Mackenzie Beach. Teure, aber komfortable Alternative zum Green Point Campground.

Strathcona Provincial Park
Ralph River Campground (Buttle Lake), *www.env.gov.bc.ca/bcparks/explore/parkpgs/strath*
75 Stellplätze, 16 $/N 49° 37' 48.8" W 125° 31' 29.3"
Der einfache Campingplatz liegt zwischen Ralph River und Buttle Lake unter hohen Bäumen. Einige Wanderwege beginnen direkt am Platz. Sehr ruhig.

Port Hardy
Quatse River Campground, *www.quatsecampground.com*
8400 Byng Road, Port Hardy/41 Stellplätze, 29 $/N 50° 41' 25.6" W 127° 29' 13.1"
Komfortabler Campingplatz in Port Hardy, nur fünf Minuten vom Fährterminal entfernt. Warme Duschen, WiFi und Dumpingstation vorhanden. In der direkt neben dem Campingplatz gelegenen Fish-Hatchery kann man sich über die Lachsaufzucht informieren.

Prince Rupert
Prince Rupert RV Campground, *www.princerupertrv.com*
1750 Park Ave, Prince Rupert/77 Stellplätze, 31 bis 35 $, /N 54° 17' 58.0" W 130° 20' 26.9"
Günstig, zwischen Fährterminal und City gelegen. Fast alternativlos bei später Ankunft mit der Fähre. Komfortabel ausgestattet, alle RV-Stellplätze mit Full Hook Up. Reservierung wird empfohlen.

Terrace
Furlong Bay Campground (Lakelse Lake), *www.env.gov.bc.ca/bcparks/explore/parkpgs/lakelse_lk*
156 Stellplätze, 25 $/N 54° 22' 45.3" W 128° 31' 28.6".
Großzügig angelegter Campingplatz am Lakelse Lake mit Badestrand und Wanderwegen. Duschen, Trinkwasser und Dumpingstation vorhanden. Kein Strom.

Stewart
Bear River RV Park, *www.stewartbc.com/rvpark*
2200 Davis Street, Stewart/68 Stellplätze, 20 bis 43 $/N 55° 57' 8.3" W 129° 58' 45.0".
Ruhig gelegener Komfortplatz am östlichen Ende der Ortschaft. Stellplätze mit Full Hook Up. WiFi verfügbar.

Hyder
Sealaska Inn & Camp Run-A-Muck, *www.sealaskainn.com*
65 Stellplätze, 28 $/N 55° 55' 14.6" W 130° 1' 53.8"
Im Ortszentrum an der Straße zum Fish Creek gelegen. Uriger Platz, Stellplätze mit Wasser- und Stromanschluss.

Iskut
Kinaskan Lake Provincial Park Campground, *www.env.gov.bc.ca/bcparks/explore/parkpgs/kinaskan_lk*
50 Stellplätze, 16 $/N 57° 31' 47.9" W 130° 11' 0.8".
Der schöne Natur-Campingplatz befindet sich 40 Kilometer südlich von Iskut am Südende des Kinaskan Lake. Herrliche Lage zwischen den Skeena- und Coast Mountains. Einige Stellplätze liegen direkt am Seeufer. Angeln (Regenbogenforellen) mit Lizenz.

Boya Lake Provincial Park
Boya Lake Provincial Park Campground, *www.env.gov.bc.ca/bcparks/explore/parkpgs/boya_lk*
44 Stellplätze, 16 $/N 59° 21' 53.1" W 129° 8' 44.1"
Wunderschön gelegener einfacher Campingplatz am glasklaren Boya Lake. Angenehme Wassertemperaturen. 85 Kilometer südlich vom Alaska Highway. Keine Versorgung. Panoramaausblick vom Seeufer zu den vergletscherten Bergen, spektakulärer Sonnenaufgang.

INTERNETADRESSEN

Vancouver Island Visitor Informations Centres
www.tourismvi.ca/industrynews/vic

Fähre Vancouver–Vancouver Island und Inside Passage
www.bcferries.com

3 AUF DEM ALASKA HIGHWAY NACH NORDEN

Durch den Norden von British Columbia und den Yukon bis nach Alaska

Start- und Endpunkt: Prince George (BC) und Tetlin Junction/Tok (Alaska) **Empfehlung:** Diese Tour eignet sich gut für eine One-Way-Anmietung in British Columbia (Vancouver, Calgary oder Edmonton) und Abgabe des Campers im Yukon (Whitehorse) oder in Alaska (Anchorage, Fairbanks). **Beste Jahreszeit:** Mitte Juni bis Mitte September **Streckenlänge ohne/mit Abstecher:** 2664 km/2776 km **Fahrzeit:** 2 bis 3 Wochen **Anschlussrouten/Kombination:** Ab Tetlin Junction Tour 4 oder Tour 5 bzw. direkt nach Anchorage. Ab Whitehorse nach Skagway/Haines (in Tour 5 beschrieben)

Eine Fahrt auf dem legendären Alaska Highway in den Nordwesten Kanadas und nach Alaska ist ein einmaliges Erlebnis. Früher war der Alaska Highway eine echte Abenteuerstrecke, aber seit 1992 ist er durchgängig asphaltiert und seitdem auch für Autos ohne Allrad und für Wohnmobile geeignet. Eine Herausforderung ist er trotzdem noch, denn die Strecke erfordert eine besondere Einstellung zum Reisen. Die Sehenswürdigkeiten und die wenigen Orte liegen weit auseinander. Der Reiz liegt in der Einsamkeit, im Naturerlebnis und in der Beobachtung der sich langsam verändernden Landschaft, und das Abenteuer kommt auch nicht zu kurz. Die Wildnis beginnt direkt am Straßenrand und erfordert ein ganz besonderes Maß an Vorsicht und Aufmerksamkeit. Also dann – auf nach Alaska!

Der Alaska Highway beginnt in Dawson Creek bei der legendären »Historic Mile Zero«.

Linke Seite:
Auf dem kostenlosen Campingplatz Alexander Mackenzie's Landing

Von Prince George nach Dawson Creek

Die Tour in den Norden beginnt in Prince George, der mit 71 000 Einwohnern größten Stadt im Norden von British Columbia. 1807 wurde hier von Simon Fraser ein Pelzhandelsstützpunkt der North West Company gegründet. Die Siedlung wurde zum Versorgungsstützpunkt und ab 1914 mit der Anbindung an die Pazifikstrecke der Grand Trunk Railway auch zu einem wichtigen Standort der Holzindustrie sowie zum Verkehrsknotenpunkt für das Binnenland westlich der Rockys. Mit dem Bau der Highways 16 und 97, die sich in Prince George kreuzen, entwickelte sich die Stadt zum bedeutendsten Verkehrs- und Dienstleistungszentrum der Region. Noch heute lebt sie überwiegend von der Holzwirtschaft, aber es zeichnen sich auch Alternativen ab. Die 1994 gegründete University of Northern British Columbia ist eine der modernsten Hochschulen in Kanada, in deren Umfeld kleine innovative Firmen entstehen. Dort, wo die erste Handelsstation stand, befindet sich heute der Fort George Park mit einigen rekonstruierten historischen Gebäuden sowie dem Fraser-Fort George Regional Museum. Das Museum zeigt Ausstellungen zu Pelzhandel, Forstindustrie und zur Kultur der First Nations. Für Freunde historischer Eisenbahnen hält die Stadt noch einen Höhepunkt bereit. Das Prince George

In Chetwynd dreht sich alles um die mit Kettensägen geschnitzten Holzskulpturen.

Railway and Forestry Museum besitzt die größte Sammlung von historischen Eisenbahnfahrzeugen in British Columbia.

Wir verlassen Prince George auf dem John Hart Highway 97 in nördlicher Richtung. Die Straße führt anfangs durch intensiv genutztes Weide- und Farmland, später erstreckt sich zu beiden Seiten des Highway nur noch Wald, der jedoch in weiten Bereichen durch den Borkenkäfer massiv geschädigt und krank ist. Nach etwa 50 Kilometern erreichen wir die Continental Divide, die kontinentale Wasserscheide. Nördlich von hier fließen alle Gewässer über den Peace River und den Mackenzie River ins Nordpolarmeer. Nach Süden mündet der Fraser River in den Pazifik.

80 Kilometer weiter liegt der Whiskers Point Provincial Park. Eine schmale Straße führt vom Highway zum Ufer des McLeod Lake mit Picknickbereichen, Wanderwegen, Sandstrand und einem idyllisch direkt am Seeufer gelegenen Campingplatz. Die Fahrt auf dem Highway 97 vermittelt uns einen kleinen Vorgeschmack auf das, was uns später auf dem Alaska Highway erwartet: Tagesetappen von mehreren Hundert Kilometern und kaum Ortschaften. Obwohl wir erst 150 Kilometer durch die Einsamkeit gefahren sind, erscheint uns ein Abstecher nach Mackenzie, für den am Highway großformatig geworben wird, als eine willkommene Abwechslung. Kurz hinter der Stahlbrücke über den Parsnip River zweigt links der Mackenzie Highway 39 ab. Noch 30 Kilometer sind es bis zu der kleinen Ortschaft, die 1966 im Zuge des Staudammprojektes am Peace River entstand und auch heute noch den Charme einer Arbeitersiedlung hat. Im Ortszentrum steht unübersehbar die größte Rodungsmaschine der Welt (World's Largest Tree Crusher), die hier zum Einsatz kam. Am künstlich angestauten Williston Lake liegt der einfache, dafür aber kostenlose Campingplatz Alexander Mackenzie's Landing.

Die intensive Färbung des Muncho Lakes wird durch Kupferoxide verursacht.

Zurück auf dem Highway 97 sind es noch 150 Kilometer bis nach Chetwynd. Das einstige Bergbaustädtchen nennt sich heute »Chainsaw Sculpture Capital of the World«. Schon am Ortseingang sieht man die ersten Holzskulpturen, die das ganze Ortsbild prägen. Seit 2005 findet in Chetwynd ein interna-

» WISSENSWERTES

Zeitzonen in Chetwynd und Dawson Creek

Kurz vor Chetwynd passieren wir auf dem John Hart Highway den Pine Pass. Hier wechseln wir auch die Zeitzonen, von der Pacific Time (wie im restlichen British Columbia) zur Mountain Time (wie in Alberta). Wir müssten hier eigentlich die Uhr eine Stunde vorstellen. Da sich aber die Bevölkerung in der Gegend um Dawson Creek und Chetwynd gegen die Einführung der Sommerzeit entschieden hat, bleibt in dieser Gegend im Sommer die Uhrzeit dieselbe wie im übrigen British Columbia.

In Mackenzie steht die größte Rodungsmaschine der Welt.

tionaler Wettbewerb im Kettensägen-Schnitzen statt. Die preisgekrönten Kunstwerke werden dann in die Sammlung aufgenommen und verbleiben in der Stadt. Über 50 mit Kettensäge geschnitzte Skulpturen gibt es mittlerweile. Im Visitor Centre gibt es eine Karte aller ausgestellten Skulpturen.

In Chetwynd zweigt der Highway 29 zum Alaska Highway ab. Es ist eine Alternativstrecke, die landschaftlich schön am Moberly Lake vorbei nach Hudson's Hope führt. Im weiteren Verlauf folgt der Highway dem Peace River und trifft dann, kurz hinter Fort St. John, auf den Alaska Highway. Obwohl

ka. Anfang der 40er-Jahre war Dawson Creek ein verschlafenes Westerndorf mit gerade mal 600 Einwohnern. Als der Bau des Alaska Highway begann, explodierte die Bevölkerungszahl innerhalb weniger Wochen auf über 10 000. Um einen Eindruck von der damaligen Zeit und der schwierigen Bauphase zu bekommen, sollte man unbedingt die interessante Ausstellung im Alaska Highway House besuchen. Die Geschichte des Baus wird hier mit Bildern, Filmen und originalen Ausstellungsstücken eindrucksvoll dargestellt. In die beschaulichere Zeit vor dem Bauboom kann man sich gut im Walter Wright Pioneer Village zurückversetzen. In dem Freilichtmuseum am Alaska Highway, nur zwei Kilometer nordwestlich der Stadt, sind einige Häuser aus der Zeit nach 1900 aufgebaut und geben ein recht anschauliches Bild vom Leben der damaligen Pioniere. Der unmittelbar danebenliegende Mile 0 Campground bietet sich für eine Übernachtung an, bevor das Abenteuer Alaska Highway beginnt.

Die Liard River Hot Springs sind weitestgehend naturbelassen.

diese Strecke attraktiv und auch noch 50 Kilometer kürzer ist, beschließen wir trotzdem, über Dawson Creek zu fahren.

Der Grund dafür ist einfach, wir wollen den Alaska Highway in seiner ganzen Länge befahren, vom berühmten Meilenstein 0 (Mile-post 0) in Dawson Creek bis nach Alas-

Mystisches Nordlicht

Die ersten Kilometer bis Fort Nelson

Auf den ersten Kilometern ab Dawson Creek verläuft der Alaska Highway durch flaches Weideland und sanft hügelige Prärien. Der ausgezeichnete Straßenzustand von heute hat nicht mehr viel mit der alten Militärstraße der ersten Jahre gemeinsam. Bei Kilometer 25 kann man noch ein Stück dem Verlauf des alten Highway von 1942 folgen und im Kiskatinaw Provincial Park die einzige erhaltene Holzbrücke über den Kiskatinaw River bewundern.

Zurück auf dem Alaska Highway erreichen wir das Tal des Peace River, die Landschaft wird abwechslungsreicher. Nach der Überquerung des Flusses fahren wir durch die kleine Ortschaft Taylor und nach weiteren 20 Kilometern sind wir in Fort Sankt John angekommen. Es ist eine der ältesten nicht-indianischen Siedlungen in British Columbia und heute ein Zentrum der Öl- und Gasindustrie. Die Stadt ist mit dem Ölboom schnell gewachsen und hat heute 19 000 Einwohner. Es ist die letzte große Stadt vor Whitehorse im Yukon, für uns hat sie aber nicht viel Interessantes zu bieten. Wir füllen noch mal unseren Kühlschrank und den Kraftstofftank auf und fahren dann ohne größeren Aufenthalt weiter. Noch 380 Kilometer haben wir bis nach Fort Nelson vor uns. Die Gegend wird immer einsamer. Zwei kleine Siedlungen, Wonowon und Pink Mountain, liegen auf der Strecke. Alle anderen Orte sind nicht mehr als einsame Rasthäuser mit Tankstelle, Motel und Campingplatz. Gut, dass der Highway in einem ausgezeichneten Zustand ist, so kommen wir flott voran. Früher gab es viele Unfallschwerpunkte wie den sogenannten Selbstmordhügel bei Kilometer 233. Eine Tafel warnte damals die Autofahrer mit der Aufschrift »Prepare to meet thy maker« (Bereite dich darauf vor, deinen Schöpfer zu treffen). Heute sind diese gefährlichen Stellen durch eine veränderte Straßenführung weitestgehend entschärft.

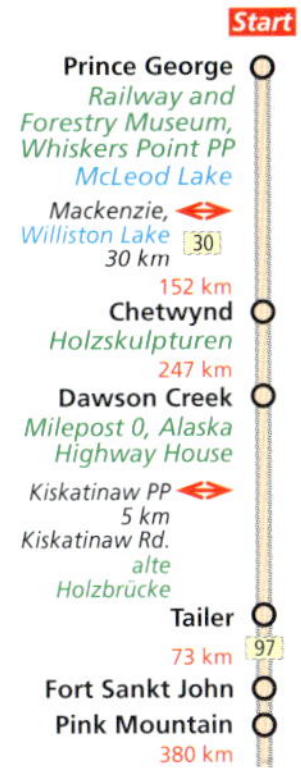

Bei Johnson's Crossing überspannt diese Brücke den Teslin Lake.

Der Miles Canyon bei Whitehorse, früher befanden sich hier die berüchtigten Whitehorse Rapids.

Der schönste Abschnitt des Alaska Highway

Fort Nelson ist erreicht, aber bei genauer Betrachtung ist es auch nur eine kleine unscheinbare Siedlung. 4000 Einwohner leben in dem Ort, der erst durch den Bau des Alaska Highway und später durch die Erschließung von Öl- und Gasvorkommen einen bescheidenen Aufschwung nahm. Eine wichtige Rolle spielt Fort Nelson bei der Versorgung des Nordens von British Columbia. Das Fort Nelson Heritage Museum zeigt hierzu passend eine Sammlung von Autos und Lastwagen, aber auch historische Baumaschinen und ein altes Blockhaus sind zu sehen. Westlich von Fort Nelson gibt es zwei private Campingplätze (Westend Campground & RV Park und Triple »G« Hideway Campground). Wer aber nicht unbedingt hier die Nacht verbringen muss, dem empfehlen wir weiterzufahren und sich einen Platz in der schönen Natur zu suchen, zum Beispiel in dem 100 Kilometer westlich von Fort Nelson liegenden Tetsa River Regional Park mit seinen Stellplätzen direkt am Fluss.

Die Strecke ab Fort Nelson gehört mit zu den schönsten Abschnitten des Alaska Highway. Wir erreichen die nördlichen Ausläufer der Rocky Mountains und fahren durch ein von Flüssen und Seen durchzogenes Gebiet. Im Stone Mountain Provincial Park steigt die Straße bis zum Summit Pass (1295 m), der höchsten Stelle des Alaska Highway, an. Nahe der Passhöhe liegt der Summit Lake mit dem gleichnamigen Campground. Bei schönem Wetter ist er erste Wahl, aber hier oben kann es schon mal plötzliche Wetterstürze geben. Besonders bei Wanderungen sollte man darauf eingestellt sein. Aber nicht nur das Wetter kann hier für Überraschungen sorgen. In dieser Hochgebirgsgegend leben Dickhorn- und Dallschafe, Bergkaribus und auch einige Grizzlybären.

Truckstopp am Alaska Highway

Immer am Ufer des lang gezogenen Summit Lake entlang rollen wir talwärts in das weite MacDonald Creek Valley. Wir erreichen den wunderschön gelegenen, jadegrünen Muncho Lake. Die intensive Färbung des Wassers wird durch Kupferoxide verursacht. Auch an diesem See verläuft die Straße direkt am Ufer, teilweise sieht man noch, wie sie dem Uferhang abgetrotzt wurde. Zwei Campingplätze gibt es am See. Der Strawberry Flats Campground liegt reizvoll am südlichen Ende des Sees. Acht Kilometer weiter passieren wir den MacDonald Campground, ebenfalls direkt am See gelegen. Zum Baden ist der See nur bedingt geeignet, die Wassertemperatur steigt selbst im Hochsommer nicht über 14 °C.

Da freuen wir uns umso mehr auf das warme Wasser der Liard River Hot Springs, die wir nach einer knappen Stunde Fahrt erreichen. Kurz vor dem Parkplatz überqueren wir den breiten Liard River auf der einzigen Hängebrücke des Alaska Highway aus dem Jahr 1944. Vom Parkplatz führt ein Holzplankenweg über warmes Sumpfgewässer direkt zu den Badepools im Wald. Sie sind weitestgehend naturbelassen und mit üppigem Grün umgeben. Die Zulauftemperatur liegt zwischen 42 und 52 °C. Der Campingplatz neben den Quellen ist ideal für eine Übernachtung nach dem ausgiebigen Bad. Herrlich entspannt setzen wir am nächsten Morgen unsere Fahrt fort.

Der Alaska Highway folgt jetzt bis Watson Lake dem Tal des Liard River. Es gibt immer wieder schöne Plätze am Fluss für eine kleine Pause oder ein Picknick. Endlose Wälder säumen die Straße, die nicht immer in einem guten Zustand ist. Viele Baustellen am Weg zeu-

Die Attraktion in Watson Lake ist der Sign Post Forest mit mehr als 100000 Schildern aus aller Welt.

gen von massiven Winterschäden, und teilweise gibt es auch kurze, geschotterte Abschnitte. Hier sollte man besonders auf Gegenverkehr achten. Die großen Trucks erkennt man schon von Weitem an einer großen Staubwolke. Manchmal ist es besser, etwas schräg zum Straßenrand anzuhalten, sodass hochgewirbelte Steine die Frontscheibe nicht direkt treffen.

Wir erreichen die Provinzgrenze zwischen British Columbia und dem Yukon. Hier trafen sich am 24. September 1942, nach nur sechs Monaten Bauzeit, die aus Whitehorse (Yukon) und Fort Nelson (BC) anrückenden Bautrupps. Am Contact Creek (Historic Milepost 588) steht eine Informationstafel, die über dieses Ereignis informiert.

Im weiteren Verlauf wechselt der Alaska Highway neunmal die Provinzgrenze zwischen British Columbia und dem Yukon, allein siebenmal bis Watson Lake.

Watson Lake, am gleichnamigen See gelegen, ist mit seinen gerade mal 1000 Einwohnern die drittgrößte Stadt im Yukon. Der Trapper Frank Watson siedelte sich 1898 mit seiner indianischen Frau am damals noch Fish Lake genannten See an. Mit der Ruhe und Abgeschiedenheit war es 1939 vorbei, als der See als Zwischenlandeplatz für Wasserflugzeuge genutzt wurde. Zwei Jahre später wurde ein richtiger Flugplatz gebaut, der als Tankstopp für die Flugzeuge nach Alaska und zur Versorgung der Bautrupps diente. Die Rolle als Versorgungszentrum, auch begünstigt durch den Kreuzungspunkt des Alaska

Aus Sicherheitsgründen gesperrter Campingplatz am Alaska Highway

Nach dem Bau des Alaska Highway wurde viele Baumaschinen einfach stehengelassen.

Highway 1 mit den Highways 4 und 37, hat die Stadt bis heute behalten. Darüber hinaus verdankt der Ort seine Bekanntheit dem Sign Post Forest. Der Schilderwald ist in dieser Größe wirklich einmalig in der Welt. Über 100 000 Ortsschilder und Autokennzeichen sollen es sein, die hier an unzähligen Pfählen angeschraubt wurden, und die Stadt stellt immer neue Pfosten auf und freut sich über die touristische Wirkung. Dabei hat alles ganz klein angefangen. Der US-Soldat Carl K. Lindley aus Danville, Illinois, brachte aus Heimweh ein Schild mit der Entfernung zu seinem Heimatort an. Viele Soldaten, Arbeiter und später vorrangig auch Touristen folgten seinem Beispiel. Ein Spaziergang durch den Sign Post Forest ist immer wieder spannend. Ganz sicher findet man auch Schilder aus der eigenen Heimatstadt oder der Umgebung. Gut vorbereitet ist, wer ein altes Autokennzeichen oder etwas Ähnliches im Gepäck hat.

Ebenfalls sehenswert ist das Northern Lights Center mit allem Wissenswerten über

» HISTORISCHES

Der Bau des Alaska Highway

Die Idee, eine Straßen- oder Eisenbahnverbindung nach Alaska zu bauen, bestand schon seit den Zeiten des Goldrausches, ihre Realisierung scheiterte aber regelmäßig am Veto der kanadischen Regierung. Seit 1930 gab es dann konkrete Planungen und mehrere Streckenvarianten für eine Straßenverbindung nach Alaska, aber erst die japanische Bedrohung nach dem Überfall auf Pearl Harbour im Dezember 1941 und die Gefahr einer japanischen Invasion lieferten Argumente für den Bau der Straße, denen sich die kanadische Regierung nicht mehr verschließen konnte. Anfang März 1942 wurde ein bilaterales Wegerechtsabkommen geschlossen und im gleichen Monat begann eines der größten Straßenbauprojekte der amerikanischen Geschichte. Die Streckenführung wurde vom Militär festgelegt und orientierte sich an bestehenden Flugpisten und Luftwaffenstützpunkten, an Flüssen wie auch an den Wildnispfaden der Trapper und Indianer. Ausgehend von den zwei großen Camps in Whitehorse und Fort St. John wurde der Bau mit einem gigantischen Einsatz an Technik und Material sowie mit über 10 000 US-Soldaten vorangetrieben. Anfangs waren es die gewaltigen Schneemassen und der gefrorene Boden, die die Bauarbeiten behinderten. Später quälten sich die Bautrupps mit Hitze, sumpfigem Untergrund und aggressiven Mücken. Eines der größten Probleme beim Bau war jedoch der Nachschub an Baumaterial, Kraftstoff, Ersatzgerät und Versorgungsgütern für die Soldaten. Die japanische Besetzung der zu Alaska gehörenden Inseln Attu und Kiska im Juni 1942 gab dem Bau nochmals eine größere Dringlichkeit. Nach Monaten extremster Härte trafen sich die Bautrupps am 24. September 1942 am Contact Creek und am 28. Oktober 1942 am Beaver Creek. Der Alaska Highway kostete 140 Millionen US$. Viele US-Soldaten haben durch Krankheiten oder Unfälle ihr Leben verloren. Der Bau der Straße war eine technische Meisterleistung und eine echte Pioniertat der beteiligten Bauarbeiter. In nur sieben Monaten wurden 1422 Meilen (2288 km) Piste durch die Wildnis geschlagen. Anfangs war der Highway nur mit schwerer Technik zu bezwingen, und schon 1943 mussten viele Abschnitte erneuert oder verlegt werden. 1948 wurde der Highway dann für den zivilen Verkehr freigegeben. Damals war es wirklich eine Herausforderung, ihn zu befahren, heute wird man mit dem Autoaufkleber »I survived the Alaska Highway« eher belächelt.

die Aurora borealis, die berühmten Nordlichter. In einer gelungenen Multivisionsshow werden die nur im Winter auftretenden Nordlichter sichtbar gemacht. Bevor wir Watson Lake verlassen, steht noch ein Besuch des Visitor Information Centre auf dem Plan. Hier erhalten wir eine Liste aller Campgrounds und Dump Stations im Yukon Territory. Das ist ganz wichtig, weil die meist sehr schön gelegenen und auch preiswerteren Government Campgrounds keine Ver- und Entsorgungseinrichtungen haben. Den ersten Government Campground testen wir gleich am Watson Lake und sind zufrieden.

Die Strecke zwischen Watson Lake und Teslin führt durch die Einsamkeit der kanadischen Wildnis. Kaum ein Auto kommt uns entgegen. Wir können lediglich erahnen, wie dünn besiedelt das Land noch weiter nördlich sein muss. Insgesamt leben nur 34 000 Menschen im Yukon, nicht mehr als in einer deutschen Kleinstadt. Der Highway ist größtenteils hochgelegt, sodass es wenige Möglichkeiten für einen Zwischenstopp gibt. Etwa 130 Kilometer hinter Watson Lake stoppen wir auf dem Parkplatz an den Rancheria Falls. Ein kurzer Wanderweg führt zu den Wasserfällen, gut, um sich etwas die Beine zu vertreten. Aber Vorsicht, es muss immer mit wilden Tieren, auch Bären, gerechnet werden. Am besten man unterhält sich laut oder benutzt eine Bärenglocke.

Wir erreichen Teslin über die Nisutlin Bay Bridge. Mit einer Gesamtlänge von 584 Metern ist sie die längste Brücke des Alaska Highway. Von der Aussichtsplattform, ca. zwei Kilometer vor der Stadt, sind die besten Fotos möglich. Der Ort wird überwiegend von Mitgliedern des Tlingit-Stammes bewohnt. Im Teslin Tlingit Heritage Centre (3 km westlich von Teslin am Alaska Highway) wird die Geschichte des Stammes sehr anschaulich und unverfälscht dargestellt.

Der Alaska Highway verläuft bis Johnson's Crossing parallel zum lang gezogenen Teslin Lake. Auf halbem Weg liegt der Timberpoint Campground Services (Alaska Highway, km 1278). Hier kann man Kanus ausleihen oder zu einer Motorboottour starten. Ein einfacher Übernachtungsplatz steht ebenfalls zur Verfügung. In Johnson's Crossing wird der Teslin Lake an seiner Mündung durch die sehenswerte Teslin River Bridge überspannt. Ab hier sind es noch 120 unspektakuläre Kilometer bis Whitehorse. Die Landschaft bietet auch jetzt kaum eine Veränderung. Für eine Zwischenübernachtung bietet sich der Squanga Lake Campground an.

Das friedliche Aussehen täuscht, Grizzlys sind gefährliche Raubtiere.

Whitehorse – die Hauptstadt des Yukon

Wir erreichen Whitehorse, die größte und schönste Stadt im nördlichen Kanada. Rund 27 000 Menschen, also mehr als drei viertel der Bewohner des Yukon, leben hier. Die Stadt ist das Bergbau-, Forstwirtschafts- und Verwaltungszentrum des Yukon und im Sommer Zwischenstation für Tausende von Touristen. Trotzdem hat sie sich den liebenswerten Charme einer gepflegten Kleinstadt bewahrt. Besonders im kleinen Stadtzentrum, das sich um die Mainstreet konzentriert, kann man gut spazieren gehen, einen Kaffee trin-

» TIPP

Mal schnell nach Skagway?
Wenn nicht zusätzlich die Tour 5 gefahren wird, dann sollte ab Whitehorse der Abstecher nach Skagway/Haines, wie dort beschrieben, nicht ausgelassen werden.

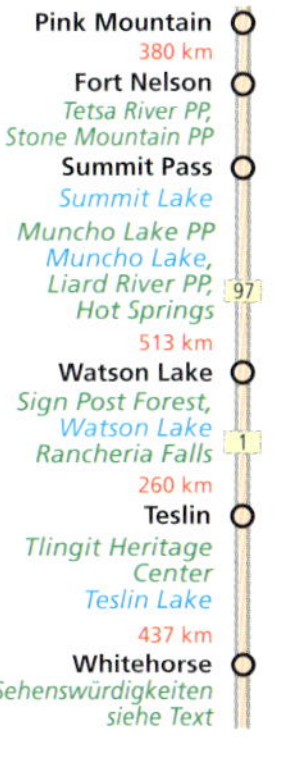

ken oder in einem der vielen Shops ein kleines Souvenir aussuchen. Einige gut erhaltene oder restaurierte Gebäude aus den Pioniertagen bilden die typische Kulisse. Man sollte für Whitehorse ruhig ein bis zwei Tage einplanen.

Von Whitehorse bis zur Grenze von Alaska

Nachdem wir uns mit Kraftstoff und Proviant eingedeckt haben, verlassen wir Whitehorse auf dem Alaska Highway in Richtung Norden. Kurz hinter dem Ort passieren wir den Abzweig des Klondike Highway nach Dawson City. Von hier sind es auf dem Alaska Highway noch 140 Kilometer bis nach Haines Junction. Wir fahren durch eine menschenleere Wildnis, später wird die Landschaft von schneebedeckten Bergen begrenzt. Die letzten Kilometer vor Haines Junction führt die Straße schnurgerade auf den Kluane National Park mit den majestätischen Berggipfeln der St. Elias Mountains zu. Bei den Bergspitzen, die man vom Highway aus erkennt, handelt es sich jedoch nur um die Ausläufer des mächtigsten kanadischen Gebirges. Unsichtbar für uns bleibt das riesige Eisfeld mit den höchsten Bergen Kanadas, dem Mount Logan (5959 m) und dem Mount St. Elias (5489 m). Haines Junction ist der Hauptort des Kluane National Park. Hier ist der Sitz der Parkverwaltung, die gemeinsam mit Tourism Yukon das sehr informative Kluane Visitor Centre betreibt. Außer einigen Wanderwegen am äu-

» SPECIAL – WHITEHORSE

Geschichtliches

Die Gegend um das spätere Whitehorse war schon seit Hunderten von Jahren ein bevorzugter Siedlungsplatz der kanadischen Ureinwohner. Später kamen weiße Fallensteller und Pelzhändler in diese Gegend, von einer Besiedlung konnte aber keine Rede sein. Das änderte sich schlagartig, als im Frühjahr 1898 Tausende Goldsucher auf dem Weg nach Dawson City hier ankamen. Nach ihrem fast schon mörderischen Fußmarsch von Skagway über den Chilkoot Pass (siehe Tour 5) und einer verwegenen Bootsfahrt auf dem Yukon kam für viele an den Stromschnellen des Miles Canyon das Aus. Erst die Vorschrift der Northwest Mountain Police, dass die Stromschnellen nur mithilfe von erfahrenen Bootsführern durchfahren werden dürfen, entspannte die kritische Situation. Weil die hoch aufschäumende Gischt die Goldsucher an die wehende Mähne eines Schimmels erinnerte, wurden diese Stromschnellen und auch die kleine Siedlung White Horse (später Whitehorse) genannt. Um die gefährlichen Whitehorse Rapids wurde sehr bald eine hölzerne Umgehung gebaut, auf der die Boote und die Ausrüstung sicher bis zum nördlichen Ende des Canyons transportiert werden konnten.
Aus der kleinen Zeltsiedlung wurde schnell eine Stadt und eine Zwischenstation für Zehntausende Goldsucher, die von hier mit ihren Kanus, Flößen oder grob gezimmerten Booten zur letzten Etappe, der Fahrt auf dem Yukon zum 740 Kilometer entfernten Dawson City, aufbrachen.
Von über 100 000 Glücksrittern, die sich in Südalaska auf den Weg gemacht hatten, erreichten etwa 30 000 die Goldfelder am Klondike – und nur 4000 haben wirklich Gold gefunden. Daran kann man erkennen, wie schwierig und gefährlich schon allein der Weg bis Dawson City war. Zwei Jahre später erlaubte die fertiggestellte Eisenbahnverbindung der White Pass and Yukon Railway von Skagway nach Whitehorse eine unkomplizierte Anreise. Der Goldrush am Klondike hatte zu diesem Zeitpunkt seinen Höhepunkt aber schon überschritten.
Durch die Eisenbahnanbindung blieb Whitehorse das Schicksal vieler anderer Goldrush-Citys, die schnell zu Ghost Towns (Geisterstädten) wurden, erspart. Auch in Whitehorse schrumpfte in den Folgejahren die Bevölkerung von über 10 000 auf gerade mal noch 754 im Jahr 1941. Der zweite Boom kam dann 1942, als durch den Bau des Alaska Highway die Bevölkerungszahl regelrecht explodierte. 1952 löste Whitehorse das abgelegene und mittlerweile fast vergessene Dawson City als Hauptstadt des Yukon ab.

Sehenswürdigkeiten

Wenn man vom Alaska Highway nach rechts in die City abbiegt, kann man ihn nicht übersehen, den gewaltigen Schaufelraddampfer »S. S. Klondike II«. Liebevoll restauriert liegt er am Ufer des Yukon River und zeugt von der Zeit, als die Verbin-

ßersten Rand des Nationalparks ist der überwiegende Teil des 22 000 Quadratkilometer großen Areals unerschlossen und weitestgehend unzugänglich. Mit einem Rundflug ab Haines Junction kann man sich einen Überblick verschaffen, oder man nutzt das hervorragende Angebot des Besucherzentrums und schaut sich die preisgekrönte Diashow an, die mit brillanten Fotos den Nationalpark vorstellt.

Nur wenige Kilometer weiter nördlich erreichen wir den Boutillier Summit, den mit 1004 Metern höchsten Punkt des Alaska Highway zwischen Whitehorse und Fairbanks (Alaska). Von hier oben haben wir einen guten Ausblick über den Kluane Lake. Er ist mit

In Burwash Landing steht die größte Goldwaschpfanne der Welt.

dung zwischen Whitehorse und Dawson City fast ausschließlich durch diese Sternwheeler sichergestellt wurde. Das 1937 gebaute Flussschiff war mit 64 Metern der größte Raddampfer auf dem Yukon. 36 Stunden brauchte der Dampfer bis Dawson City, der Rückweg dauerte dreimal so lange.

Wer die oben beschriebenen Whitehorse Rapids besichtigen will, kommt leider einige Jahrzehnte zu spät. 1958 wurde der Schwatka-Lake-Staudamm gebaut und der Yukon River angestaut. Die Rapids sind im See verschwunden. Mit dem kleinen Ausflugsboot »MV Schwatka« kann man auf einer zweistündigen Bootsfahrt über den Stausee und durch den Miles Canyon die frühere Wildheit des Flusses nur noch erahnen. Man erreicht den Canyon auch zu Fuß über einen kurzen Trail. Eine Fußgängerbrücke führt zum gegenüberliegenden Ufer.

Mit dem Bau des Staudammes wurde den Lachsen der Weg stromaufwärts zu ihren Laichplätzen versperrt. Deshalb baute man an der östlichen Seite des Staudammes die weltweit längste Fischleiter, den Whitehorse Fishway. Die Holzkonstruktion ist 366 Meter lang und überwindet einen Höhenunterschied von 15 Metern. Ab Ende Juli kann man gut beobachten, wie die Chinook-Lachse den künstlichen Kanal bezwingen.

Die täglich im Westmark Whitehorse Hotel veranstaltete Vaudeville Revue der Frantic Follies ist ein Publikumsmagnet in Whitehorse. Man fühlt sich in einen Saloon der Jahrhundertwende versetzt, wenn die lustige Westernshow mit Banjomusik, Can-Can-Girls und Comedy über die Bühne geht.

Das sehenswerte Yukon Transportation Museum liegt etwas außerhalb der Stadt am Alaska Highway, nahe beim Flughafen. Den Weg zum Museum weist die weltgrößte Wetterfahne, eine auf einen Sockel drehbar montierte »Douglas DC 3«. Im Museum wird alles gezeigt, was für das regionale Transportwesen von Bedeutung war. Darüber hinaus gibt es viele Originaldokumente und historische Filmaufnahmen zu sehen.

Und nicht zuletzt sollte ein Besuch des großen Visitor Centre auf dem Programm stehen. Neben umfangreichen Informationen zu Whitehorse und Umgebung gibt es auch Informationstafeln und Multimedia-Präsentationen zum Thema Yukon.

Camping

Zur Übernachtung bietet sich in Whitehorse der stadtnahe Hi Country RV Park an. Einige Kilometer vor der Stadt liegt am Alaska Highway der Wolf Creek Yukon Government Campground und der unter Schweizer Leitung stehende Caribou RV Park. Hier besteht auch die Möglichkeit, das gemietete Wohnmobil vor der Abgabe in Whitehorse gründlich zu waschen. Ein Waschplatz mit Hochdruckreiniger und Staubsauger steht zur Verfügung.

Das Flugzeug ist ein wichtiges Transportmittel im dünn besiedelten Norden.

400 Quadratkilometern Fläche und 70 Kilometern Länge der größte und höchstgelegene See des Yukon.

Kurz hinter der Passhöhe (Kilometer 1626, historische Meile 1053) zweigt eine Schotterstraße zur alten Ghosttown Silver City ab. Die verfallenen Blockhütten aus den frühen Jahren des 20. Jahrhunderts sind ein interessantes Fotomotiv – aber Vorsicht, es besteht Einsturzgefahr.

Am südlichen Ufer des Kluane Lake erreichen wir den Soldier Summit. Hier wurde der Alaska Highway am 20. November 1942 offiziell eröffnet. Die damalige Militärstraße war aber mit normalen Autos kaum befahrbar. Auf einigen Teilstücken kam man nur mit Kettenfahrzeugen voran. Oberhalb des heutigen Alaska Highway – nahe der Gedenktafel – ist noch ein Stück der alten Militärstraße zu sehen.

Die Fahrt entlang dem Lake Kluane gehört noch mal zu den Höhepunkten der Strecke ab Whitehorse. Der schön gelegene Congdon Creek Yukon Government Campground mit Stellplätzen am Seeufer ist ein idealer Platz zum Übernachten. Auf der weiteren Fahrt entlang dem Kluane Lake sehen wir Bergziegen und mit etwas Glück auch einige Dallschafe. Es können auch immer wieder Tiere auf der Fahrbahn auftauchen, man sollte jederzeit darauf vorbereitet sein.

In Burwash Landing, dem zentralen Ort der Kluane First Nation, steht am Ortseingang die angeblich größte Goldwaschpfanne der Welt. Direkt daneben zeigt das kleine Kluane Museum of Natural History eine Ausstellung zur Tierwelt im Kluane National Park. Neben dem Museum erinnert ein verkohlter Wald an den verheerenden Waldbrand, der 1999 den kleinen Ort fast vernichtet hätte.

Nach diesem informativen Zwischenstopp nehmen wir das letzte Stück Highway auf kanadischem Boden unter die Räder.

Nach 170 Kilometern Einsamkeit und kanadischer Wildnis erreichen wir Beaver Creek, den letzten Ort vor der Grenze zu Alaska. Wir

» WISSENSWERTES

Entfernungsangaben Alaska Highway

Die Entfernungsangaben auf dem Alaska Highway sind manchmal etwas verwirrend. Es gibt Angaben in Kilometern, in Meilen und in historischen Meilen. Was ist der Grund dafür? Beim Bau des Highways im Jahr 1942 wurden alle Entfernungsangaben in Meilen ausgezeichnet. Damals war es üblich, für Kreuzungen, abzweigende Straßen, Adressangaben und manchmal auch für die Benennung ganzer Ortschaften die jeweilige Entfernung in Meilen zu verwenden. Diese Angaben werden heute als historische Meilen (Historic Miles) bezeichnet. Durch Begradigung des Highway und durch Trassenverlegung veränderten sich die wahren Entfernungen im Laufe der Jahre. So beträgt die Entfernung von Dawson Creek (Historic Mile 0) bis zum offiziellen Endpunkt des Highway in Delta Junction (Historic Mile 1422) heute nur noch 1387 Meilen. In Kanada werden heute die realen Entfernungen in Kilometern angegeben. An der Grenze zu Alaska erhöhen sich die Entfernungsangaben um 40 Meilen/64 Kilometer gegenüber den Angaben in Kanada. Die heutigen Meilensteine in Alaska weichen von den historischen Meilenangaben ab, sie entsprechen aber auch nicht der tatsächlichen Entfernung ab Dawson Creek.

nutzen eine Pause am Informationscenter, um die Lebensmittel, die zur Einfuhr verboten sind, zu verbrauchen. Das freundliche Personal hat auch Tipps für uns, was beim Grenzübertritt zu beachten ist. Bis zum Grenzübergang sind es jetzt noch 30 Kilometer.

Eine sechs Meter breite und 1000 Kilometer lange schnurgerade Schneise markiert den Grenzverlauf. Die Grenze zu Kanada wurde erst 1908 fixiert und 1925 mit diesem Korridor markiert.

Port Alcan heißt der kleine Grenzort in Alaska, hier bekommen wir den schönen Einreisestempel von Alaska in unseren Pass, stellen unsere Uhr eine Stunde zurück und rollen wenig später auf dem gut ausgebauten Alaska Highway 2 in den 49. Bundesstaat der USA.

Schon kurz nach der Grenze werben die ersten Tankstellen mit ihren wesentlich günstigeren Benzinpreisen, auch Lebensmittel und Obst sind preiswerter als in Kanada. Nach 11 Kilometern sehen wir auf der linken Seite das Tetlin National Wildlife Refuge Visitor Center. Hier bekommen wir wichtige Karten und Campingplatzinformationen für Alaska. Nur wenige Kilometer weiter verbringen wir auf dem kostenlosen Campground am Deadman Lake unsere erste Nacht in Alaska.

Die nächsten 81 Kilometer bis nach Tetlin Junction fahren wir durch eine absolut einsame Gegend, die Wildnis beginnt direkt am Straßenrand. Wir müssen immer wieder mit plötzlich auftauchenden Wildtieren rechnen.

Der offizielle Endpunkt des Alaska Highway mit dem Meilenstein 1422 (Historic Milepost 1422) wird erst in Delta Junction, rund 18 Kilometer nordwestlich von Tok, erreicht. Dieses letzte Teilstück des Alaska Highway ist in Tour 4 beschrieben.

Eine kleine Büffelherde kreuzt den Alaska Highway.

Viele Campingplätze liegen in herrlicher Natur.

» PRAKTISCHE HINWEISE

TOURISTINFORMATIONEN

Chetwynd
Chetwynd Visitor Centre, 5217 North Access Road, Chetwynd
www.gochetwynd.com/visitors

Watson Lake
Visitor Information Centre, Alaska Highway/Robert Campbell Highway, Watson Lake
www.watsonlake.ca

Whitehorse
Visitor Centre, 100 Hanson Street/2nd Avenue, Whitehorse
www.travelyukon.com/About/Yukon-Communities/Whitehorse

Haines Junction
Kluane Visitor Centre, Logan Street, Haines Junction
www.hainesjunctionyukon.com

Port Alcan
Tetlin National Wildlife Refuge Visitor Center, N 62° 41' 6.7" W 141° 7' 31.1"
www.fws.gov/refuge/tetlin

MUSEEN

Dawson Creek
Alaska Highway House: 10201, 10th Street, Dawson Creek, *www.tourismdawsoncreek.com/alaska_highway_house.php*
Ausstellung mit vielen Informationen zum Bau des Alaska Highways.
Walter Wright Pioneer Village: 20th Street/Alaska Ave, Dawson Creek, *www.mile0park.ca;* Am Rotary Lake gelegenes Freilichtmuseum mit einigen typischen Bauten aus der Gründerzeit der Stadt. Ein Campingplatz gehört zum Park.

Fort Nelson
Fort Nelson Heritage Museum: Highway 97, Fort Nelson, *www.fortnelsonmuseum.ca;* Kleines Museum mit dem Schwerpunkt Fahrzeuge und Transport.

Watson Lake
Lights Center: 807 Frank Trail, Watson Lake, *www.northernlightscentre.ca*

Die Vaudeville Revue der Frantic Follies läuft täglich im Westmark Whitehorse Hotel.

Einzigartige Ausstellung mit Laser Show zum Thema »Nordlicht«.

Whitehorse
Yukon Transportation Museum: 30 Electra Crescent, Whitehorse, *www.goytm.ca*
Umfassendste Sammlung zur Transportgeschichte des letzten Jahrhunderts im Yukon.

Burwash Landing
Kluane Museum of Natural History: Alaska Highway, Historic Mile 1093,
www.yukonmuseums.ca/museum/kluane/kluane.html
Kleines Museum zur Pflanzen- und Tierwelt im Kluane Nationalpark und zur Historie des Kluane First Nation. Indianisches Kunsthandwerk wird zum Kauf angeboten.

CAMPING
(bei einigen Campingplätzen stehen die GPS-Daten für die ausgeschilderte Zufahrt ab Highway)

Prince George
Whiskers Point Provincial Park Campground (McLeod Lake), *www.env.gov.bc.ca/bcparks/explore/parkpgs/whiskers*
59 Stellplätze, 16 $/N 54° 54'24.7" W 122° 56' 18.9"
Idyllischer, direkt am Seeufer des McLeod Lake gelegener Campingplatz im Whiskers Point Provincial Park, 130 Kilometer nördlich von Prince George. Einfache Ausstattung, Trinkwasser und Dumpingstation vorhanden. Schwimmen, Angeln und Kanufahren sind die beliebtesten Aktivitäten am schönen See.

Mackenzie
Alexander Mackenzie´s Landing Campground (Williston Lake), *www.bchydro.com/community/recreation_areas/alexander_mackenzie_s_landing.html*
19 Stellplätze, 0 $/N 55° 21'34.0" W 123° 9'50.1"
Kostenloser Campingplatz der BC Hydro Corporation am künstlich angestauten Williston Lake. Etwas abgelegen, dafür ruhig und naturnah. Kein Strom, kein Wasser, keine Dumpingmöglichkeit.

Dawson Creek
Mile 0 Campground, *www.mile0park.ca*
76 Stellplätze, 40 $/N 55° 46' 10.6" W 120° 15' 30.8"
Komfortcampingplatz, stadtnah und direkt am Alaska Highway. Bester Platz in Dawson Creek, komfortabel und sauber. Alle Stellplätze mit Full Hook Up. Münzwaschmaschinen und WiFi verfügbar. Außer dem Campingplatz gehören zum »Mile Zero Park« noch das Walter Wright Pioneer Village und der kleine Rotary Lake.

Fort Nelson
Tetsa River Regional Park Campground, *www.northbceh.com/fortnelson/tetsariver.htm*
25 Stellplätze, 26 $/N 58° 40' 1.8" W 123° 57' 17.1"
Der Campingplatz liegt 100 Kilometer westlich von Fort Nelson am Tetsa River. Wandern, Fliegenfischen im Fluss

(mit Permit) und Tierbeobachtung sind die Hauptaktivitäten. Der frühere Provincial Park und der Campingplatz sind heute in regionaler Verwaltung. Keine Versorgung.
Summit Lake Campground,
www.env.gov.bc.ca/bcparks/explore/parkpgs/stone_mt
28 Stellplätze, 16 $/N 58° 39' 6.5" W 124° 39' 4.1"
Direkt am Summit Pass, dem höchsten Punkt des Alaska Highways (1295 m), liegt der kleine einfach ausgestattete Campingplatz. Auf Grund der Höhe ist es oft kalt und windig. Bei klarer Witterung hat man eine gute Fernsicht. Ausgangspunkt des 2,5 Kilometer langen Trails zum Summit Peak (2014 m).
Strawberry Flats Campground (Muncho Lake),
www.env.gov.bc.ca/bcparks/explore/parkpgs/muncho_lk
15 Stellplätze, 16 $/N 58° 56' 49.9" W 125° 46' 10.1".
Am südlichen Ende des eiskalten Muncho Lake liegt in reizvoller Umgebung der kleine Campingplatz. Herrliches Seepanorama vor den umliegenden Bergen. Einfache Ausstattung, keine Versorgung.
MacDonald Campground (Muncho Lake),
www.env.gov.bc.ca/bcparks/explore/parkpgs/muncho_lk
15 Stellplätze, 16 $/N 59° 1' 7.2" W 125° 46' 12.3"
Zweiter Campingplatz am Muncho Lake mit ähnlicher Ausstattung, 8 Kilometer nördlich vom Strawberry Flats Campground gelegen. Stellplätze direkt am See auf Schotter.
Liard River Hot Springs Provincial Park Campground,
www.env.gov.bc.ca/bcparks/explore/parkpgs/liard_rv_hs
53 Stellplätze, 21 $/N 59° 25' 28.8" W 126° 6' 12.1"
Einfacher Campingplatz in unmittelbarer Nähe zu den Liard River Hot Springs. Boardwalk über warme Sumpfgewässer zu den heißen Quellen. Beliebtes Abendbaden möglich. Viele Mücken!!

Watson Lake

Watson Lake Campground, *www.watsonlake.ca/our-community/parks-and-recreation*
55 Stellplätze, 12 $/N 60° 3' 52.2" W 128° 47' 8.5"
Einfacher Yukon Government Campground ohne Versorgung in schöner Lage am See. Abzweig vom Alaska Highway, 4 Kilometer westlich der Stadt, dann über Gravel zum Platz. Ruhig gelegen.

Johnson's Crossing

Squanga Lake Campground,
www.campscout.com/campground/YT0012
16 Stellplätze, 12 $/N 60° 26' 47.4" W 133° 35' 11.2"
Einfacher Übernachtungsplatz ohne Versorgung am Squanga Lake. Typische Ausstattung, kein Service.

Whitehorse

Wolf Creek Yukon Government Campground,
www.campscout.com/campground/YT0015
41 Stellplätze, 12 $/N 60° 36' 27.3" W 134° 56' 39.8"
Etwa 25 Kilometer vor Whitehorse liegt dieser einfache Campingplatz. Am Platz beginnt der 3 Kilometer lange Wolf Creek Nature Trail, der dem mäandernden Fluss folgt. Hier kann man im August laichende Chinook-Lachse beobachten.

Auf dem MacDonald Campground

Caribou RV Park, *www.caribou-rv-park.com*
40 Stellplätze, 35 $/N 60° 35' 51.9" W 134° 51' 7.8"
Komfortplatz unter Schweizer Leitung, etwa 23 Kilometer vor Whitehorse. Stellplätze mit Wasser- und Stromanschluss, Dumpingstation, Duschen, WiFi, Restaurant. Am Platz stehen ein Wohnmobil-Waschplatz mit Hochdruckreiniger und Staubsauger zur Verfügung.
Hi Country RV Park, *www.hicountryrvyukon.com*
130 Stellplätze, 32 bis 40 $/N 60° 41' 3.7" W 135° 3' 38.5"
Stadtnaher komfortabler Campingplatz mit sauberen Sanitäreinrichtungen, WiFi, Münzwaschmaschinen, Wohnmobil-Waschanlage. Stellplätze mit Wasser- und Stromanschluss und mit Full Hook Up verfügbar. Trotz der Nähe zum Highway relativ ruhig.

Haines Junction

Congdon Creek Yukon Government Campground (Kluane Lake), *www.campscout.com/campground/YT0025*
81 Stellplätze, 12 $/N 61° 9' 0.3" W 138° 33' 27.5".
Großzügig angelegter Campingplatz am schön gelegen Kluane Lake mit Stellplätzen am Seeufer. Kein Service. Mit Bären muss gerechnet werden.

Port Alcan (Alaska)

Deadman Lake Campground,
www.campscout.com/campground/AK0002
www.fws.gov/refuge/tetlin/visitor_activities/camping.html
15 Stellplätze, 0 $/N 62° 53' 2.0" W 141° 30' 27.1"
Kostenloser Campground am schönen Deadman Lake, für die erste Übernachtung in Alaska gut geeignet. Kein Service, keine Versorgung.

INTERNETADRESSEN

Yukon Government Campgrounds (download)
www.env.gov.yk.ca/publications-maps/documents/campground-brochure-map-2012-13.pdf

Yukon RV Dump Stations (download)
www.env.gov.yk.ca/publications-maps/documents/rv_dumpstations2012.pdf

Historische Fotos, Videos und Informationen zum Bau des Alaska Highway *www.alaskahighwayarchives.ca/*

4 ALASKA ERLEBEN!

Eine spannende Reise durch den nördlichsten Bundesstaat der USA

Start- und Endpunkt: Tok (Alaska) und Anchorage (Alaska) **Empfehlung:** Diese Tour kann man wahlweise auch in Fairbanks oder in Anchorage starten. **Beste Jahreszeit:** Mitte Juni bis Mitte September **Streckenlänge ohne/mit Abstecher:** 1326 km/1452 km **Fahrzeit:** 2 Wochen **Anschlussrouten/Kombination:** Die Alaskatour lässt sich sehr gut mit Tour 5 kombinieren. In diesem Fall ist auch eine Anmietung und Rückgabe des Wohnmobils in Whitehorse möglich.

Einmal im Leben muss man Alaska bereist haben. Danach wird man ganz sicher einen völlig anderen Blick auf diesen 49. Bundesstaat haben. Alaska ist anders als die »Lower 48« – nicht immer chic, aber authentisch. Der Mythos von der Eiskammer im Norden ist nicht korrekt, zumindest im Sommer kann es richtig heiß werden, und nirgendwo wächst so großes Gemüse wie in Alaska. Neugierig? Dann ist unsere Alaska-Rundtour genau das Richtige. Fairbanks im Norden, der Denali National Park mit dem höchsten Berg Nordamerikas, die größte Stadt Anchorage und die Kenai Peninsula sind die wesentlichen Reisestationen, und beim Weihnachtsmann schauen wir auch vorbei.

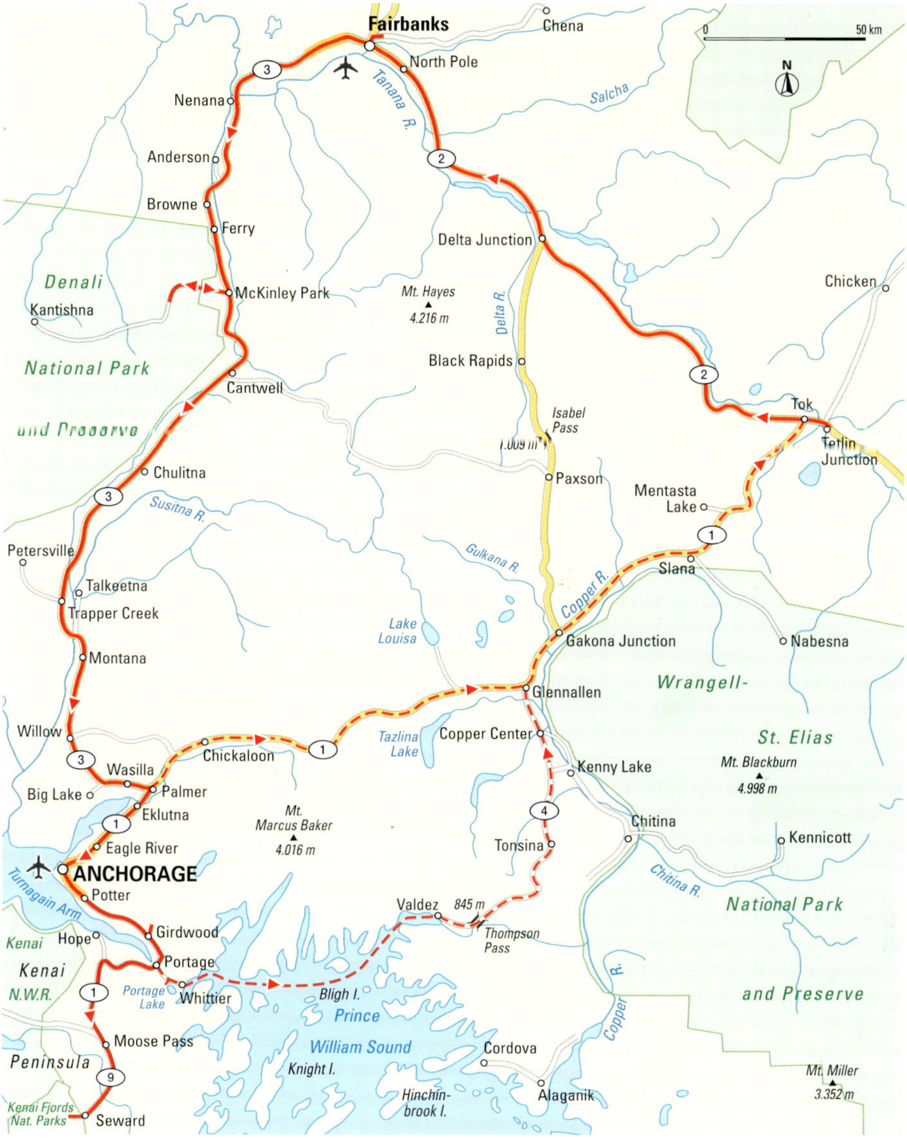

Von Tok nach Fairbanks

Startpunkt unserer Alaskatour ist Tok. Der Ort scheint nur aus Tankstellen, Motels und Shops zu bestehen. Er ist der erste Versorgungspunkt auf dem Alaska Highway, wenn man von Süden kommt. Im großen Alaska Public Lands Information Center und im Tok Mainstreet Visitor Center bekommen wir Broschüren, Landkarten und jede Menge Tipps zum 49. Bundesstaat.

Auf dem eher durchschnittlich interessanten letzten Teilstück des Alaska Highway erreichen wir Delta Junction. Hier endet offiziell der Alaska Highway. Am Abzweig zum Richardson Highway steht neben dem Informationszentrum der historische Meilenstein 1422 (Historic Milepost 1422), der Endpunkt des legendären Alaska Highway. Ein Foto ist hier natürlich Pflicht!

Wenige Kilometer weiter, kurz vor der Brücke über den Tanana River, sehen wir rechts den Abzweig zu Rika's Roadhouse. Es ist eines der letzten Rasthäuser aus den Pioniertagen Alaskas. Von 1913 bis 1947 diente

Blick von Norden auf die Berge der Alaska Range

Tausende Weihnachtsbriefe und Wunschzettel an Santa Claus kommen jedes Jahr in North Pole an und werden beantwortet.

es Reisenden als Zwischenstation auf dem historischen Trail von Valdez nach Fairbanks. Vom Roadhouse wurde bis zum Bau der Brücke auch die Fähre über den Tanana River betrieben. Das schön restaurierte Rasthaus ist heute das Kernstück des Big Delta State Historical Park. Gleich neben dem Rasthaus kann man die komplexe Konstruktion betrachten, mit deren Hilfe die Trans-Alaska Pipeline wie eine Hängebrücke den Tanana River überquert.

Auf der weiteren Fahrt eröffnen sich immer wieder eindrucksvolle Ausblicke auf die schneebedeckten Dreitausender der Alaska Range. Zahlreiche Picknickplätze am Highway laden zu einer Pause, Badeseen zu einer Abkühlung ein. Ja, das ist kein Schreibfehler. Im Hochsommer zwischen Juni und Juli steigen hier die Temperaturen im Durchschnitt auf 24 °C, Spitzenwerte über 30 °C sind keine Seltenheit. Dafür wird es im Winter mit bis zu – 50 °C bitterkalt. Bei solch eisigen Wintertemperaturen fühlt man sich bestimmt schon wie am Nordpol. Und wenig später haben wir ihn erreicht. Natürlich nicht den »richtigen« Nordpol, nur den Ort North Pole, der 1953 gegründet und aus PR-Gründen so genannt wurde. Man erhoffte sich, dass Spielzeugfabrikanten den Namen gern benutzen und sich in North Pole ansiedeln würden. Zwischenzeitlich hat sich der Ort zur Standardadresse für Weihnachtsbriefe und Wunschzettel an Santa Claus entwickelt, und jeder Brief, so wird uns versichert, wird beantwortet. In den letzten Jahren wurden annähernd zwei Millionen Briefe an Kinder in der ganzen Welt verschickt.

Santa Claus bei einer persönlichen Audienz

Bei so viel Interesse kommt natürlich der Kommerz nicht zu kurz. Im Santa Claus House ist jeden Tag Weihnachten, auch bei sommerlichen Außentemperaturen. Als Wegweiser steht der mit zwölf Metern weltgrößte Weihnachtsmann vor der Tür. Ein kurzer Rundgang durch das Santa Claus House reicht uns schon, dann haben wir genug von der künstlichen, typisch amerikanischen Weihnachtsstimmung. Schnell noch die Urlaubskarten in den Briefkasten, eine Postkarte mit dem Stempel aus North Pole ist doch ein netter Urlaubsspaß, und wenig später rollen wir auf dem jetzt vierspurigen Highway nach Fairbanks.

Fairbanks – die nördlichste Großstadt Alaskas

Fairbanks, die zweitgrößte Stadt Alaskas, hat heute etwa 32 000 Einwohner. Gegründet wurde sie 1902 an der Stelle, wo kurz vorher ein einsamer Handelsposten entstanden war. Wie in vielen anderen Städten des Nordwestens war ein großer Goldfund der Auslöser für das dynamische Wachstum der Stadt. Der Italiener Felice Pedroni, besser bekannt als Felix Pedro, fand in einem Flüsschen in den Tanana Hills Gold. Dieser Goldfund im später nach ihm benannten Pedro Creek war der

Trans-Alaska-Pipeline am Tanana River

Auslöser für einen Goldrausch, der in den Folgejahren mehrere Tausend Abenteurer und Prospektoren in die Gegend lockte. Einige von ihnen hatten schon in Dawson City erfolglos nach Gold gesucht und versuchten jetzt hier ihr Glück. 1910 lebten 3541 Menschen in Fairbanks, und über 6000 Goldsucher schürften in den Minen nördlich der Stadt nach dem begehrten Metall. Wenige Jahre später war der Goldboom aber auch hier ebenso schnell vorbei wie in anderen Goldrush Citys.

Trotz eines massiven Bevölkerungsrückgangs konnte sich Fairbanks in den Folgejahren zum Ausgangspunkt für die weitere Erschließung und Besiedlung des Landesinneren und zur Versorgungsbasis von Zentral- und Nordalaska entwickeln. Der Bau des Alaska Highway und die große Militärpräsenz während des Zweiten Weltkriegs brachten weiteren Aufschwung. Damals war Fairbanks die wichtigste Stadt Alaskas. In den 1970er-Jahren wurde dann durch den Bau der Trans-Alaska Pipeline ein erneuter Wachstumsschub ausgelöst.

Heute ist Fairbanks eine moderne, ruhige Kleinstadt mit einem Mix aus alter und moderner Architektur. Es gibt keine herausragenden Highlights, aber die eigene Atmosphäre des Ortes, das typische Flair Alaskas und die selbstbewusste Lebensweise ihrer Bewohner üben einen ganz besonderen Reiz aus. Nach einem Stadtbummel durch Downtown (um die Cushmann Street) und einem Besuch des Pioneer Park hat sich das touristische Programm der Stadt aber schon fast erschöpft. Der Pioneer Park bietet eine Mischung aus Museen, Restaurants, Shops und Unterhaltung. Der Sternwheeler »Nenana« gehört ebenso zur Exposition wie einige Originalgebäude aus dem frühen 20. Jahrhundert und ein Native Village der Athabas-

Im Pioneer Park in Fairbanks steht der Sternwheeler »Nenana«.

can-Indians. Natürlich ist alles auf Touristen zugeschnitten.

Wesentlich authentischer ist da der Howling Dog Saloon, eine typische Alaskabar im nördlichen Vorort Fox. Abends spielen Livebands Rock'n'Roll und Blues, aber auch am Tag kann man bei einem Bier aus der nahen Kleinbrauerei oder einer Coke die typische unverfälschte Atmosphäre genießen. Die Wände sind mit Dollarscheinen tapeziert, und die Jungs an der Bar sehen aus, als wären sie gerade aus der Maske gekommen, aber es ist kein Film, sondern Realität.

Einige Kilometer auf dem Steese Highway nach Norden zu fahren, lohnt sich nicht nur wegen des Howling Dog Saloon. Auch der Trans-Alaska Pipeline Viewpoint, der stillgelegte Goldbagger Golddredge 8, eine Tour durch die El Dorado Gold Mine oder ein Spaziergang am Pedro Creek sind gute Argumente für einen Abstecher in den Norden. Alles lässt sich bequem vom Steese Highway aus erreichen und ist ausgeschildert. Für eine stadtnahe Übernachtung empfehlen wir den Tanana Valley Campground and RV Park oder die Chena River State Recreation Site.

Auf dem George Parks Highway zum Denali National Park

Mit Fairbanks haben wir den nördlichsten Punkt unserer Alaska-Rundreise erreicht. Wir verlassen die Stadt auf dem George Parks Highway. Nach etwa 20 Kilometern eröffnet sich uns eine schöne Panoramaaussicht über das Tal des Tenana River bis zu den vergletscherten Bergen der Alaska Range. Ein Parkplatz mit Lookout bietet eine gute Gelegenheit zum Fotografieren.

Wir erreichen Nenana, die knapp 400 Einwohner zählende Stadt am Zusammenfluss von Tenana- und Nenana River. Auch Nenana verdankt wie viele andere Ortschaften in Alaska ihre Existenz den Prospektoren, die sich 1902 hier ansiedelten. Mit der Fertigstellung der Alaska Railroad im Jahr 1923 verfüg-

Nicht ganz ernst gemeinter Wegweiser nördlich von Fairbanks an der Trans-Alaska-Pipeline

» HISTORISCHES

Serum Run to Nome
Im Januar 1925 brach im weit abgelegenen Ort Nome eine Diphtherieepidemie aus. Mehrere Todesfälle waren schon zu beklagen. Der vorhandene Impfstoff reichte nicht aus. Die Versorgung mit neuem Serum war, wenn überhaupt, nur mit Hundeschlitten möglich. In einer beispiellosen Rettungsaktion wurde mit einer Hundeschlittenstaffel, bestehend aus 20 Gespannen, der lebenswichtige Impfstoff von Nenana nach Nome transportiert und die Bevölkerung gerettet. Für die 1085 Kilometer durch einsamste Wildnis und bei Temperaturen von –45 °C brauchte die Staffel fünfeinhalb Tage. Der Zeichentrickfilm »Balto« erzählt diese Geschichte. In Gedenken an den »Serum Run to Nome« wird seit 1973 das »Iditarod Trail Sled Dog Race« veranstaltet. Dieses härteste Hunderennen der Welt führt 1800 Kilometer von Anchorage nach Nome. Es ist die beliebteste Sportveranstaltung in Alaska. Der Sieger des ersten Laufes gewann 1973 das Rennen in der Rekordzeit von 20 Tagen, in den letzten Jahren wurde dieselbe Strecke von den Siegergespannen in acht bis neun Tagen geschafft.

te Nenana über eine Schienenverbindung nach Seward am Golf von Alaska und nach Fairbanks. Mit der Eisenbahnanbindung und der günstigen Lage an den zwei großen Flüssen entwickelte sich Nenana in den Folgejahren schnell zu einem wichtigen Umschlagsplatz für Güter zwischen der Eisenbahn und den Flussschiffen. Seine Bekanntheit verdankt der Ort aber eher dem »Serum Run to Nome« und der »Nenana Ice Classic«, der verrücktesten Lotterie in Alaska.

Im Jahr 1906 wetteten sechs Einwohner von Nenana um einige Runden Whisky, wann das Eis des Tanana River im Frühjahr brechen würde. Ab 1917 lebte die Wette, vor allem durch die vielen Eisenbahnarbeiter im Ort, wieder auf und wurde für die Bewohner von Alaska und des Yukon freigegeben. Seit dieser Zeit wird immer im Winter ein stativähnlicher Dreibock auf das Eis gestellt, der über eine Schnur mit dem Uhrschalter der Wettuhr verbunden ist. Bricht das Eis, dann bewegt sich der Dreibock und stoppt die Uhr. Wer diesen Zeitpunkt minutengenau erraten hat oder am nächsten dranliegt, gewinnt den mit mehreren 100 000 Dollar gefüllten Jackpot. Im Visitor Center, das gleich links hinter der gewaltigen Stahlbrücke über den Tanana River liegt, kann man in einem großen Buch die Zeiten des Eisbruchs seit Beginn der Wette nachlesen und seinen Tipp abgeben.

Südlich von Nenana fahren wir durch ein weites Schwemmland. Hier hat der müde dahinfließende Nenana River die für Alaska so typische Flusslandschaft mit vielen Nebenarmen gebildet. Der Highway verläuft parallel zur Eisenbahnlinie und folgt dem Fluss bis zum Denali National Park. Auf den letzten Kilometern verengt sich das Tal des Nenana River zu einem Canyon, an dessen östlichem

Goldwaschen ist eine beliebte Freizeitbeschäftigung in Alaska.

Ein stillgelegter Goldbagger bei Fairbanks

Bei Wanderungen trifft man immer wieder auf die lustigen Squirrel.

Rand der Highway verläuft. Dann haben wir den Denali National Park erreicht. Schon einige Kilometer vor dem Park verdichtet sich die touristische Infrastruktur mit Hotels, Motels, Campingplätzen, Restaurants, Shops und zahlreichen Touranbietern.

Der beliebteste Nationalpark Alaskas

Der Denali National Park ist eines der beliebtesten Reiseziele in Alaska. Knapp 400 000 Besucher kommen jedes Jahr in den Park. Das mag daran liegen, dass der Denali National Park mit dem Auto sehr gut erreichbar ist. Die übrigen sieben Nationalparks von Alaska liegen entweder im schwer zugänglichen Hinterland oder sie sind kaum erschlossen. Man würde aber einen falschen Eindruck erzeugen, wenn man die Beliebtheit des Parks nur

» SPECIAL – IM DENALI NATIONAL PARK

Shuttle-Busse

Das Shuttle-Bus-System ist der günstigste und beliebteste Zugang zum Park. Die Busse fahren im Sommer regelmäßig zu festgesetzten Zeiten. Eine Reservierung oder Buchung ist bei der Abfahrt nur für einen bestimmten Bus gültig. Im Park kann man aussteigen, z. B. um ein Stück zu wandern, und mit einem späteren Bus wieder weiterfahren, wenn ein Platz frei ist. Da das nicht sicher ist, fahren viele Besucher den ganzen Tag im gleichen Bus.

Auch mit dem Shuttle-Bus werden genügend Pausen eingelegt und auf Tiere und Sehenswürdigkeiten hingewiesen. Verpflegung muss mitgebracht werden. Es gibt vier Shuttle-Bus-Linien im Park, die sich nur darin unterscheiden, wie weit in den Park hineingefahren wird. Je weiter man das Ziel wählt, umso näher kommt man dem Mt. McKinley, aber umso weniger Zeit bleibt für individuelle Aktivitäten. Auch sinkt mit der Entfernung die Busfrequenz. Alle Busse (auch die Tour-Busse) benutzen dieselbe Straße.

(Alle Entfernungen one way/Fahrzeit für Hin- und Rückfahrt/Preis pro Person).

- Toklat River: 53 Meilen/6,5 Stunden Fahrzeit/36 $
- Eielson Visitor Center: 66 Meilen/8 Stunden Fahrzeit/43 $
- Wonder Lake: 85 Meilen/11 Stunden Fahrzeit/56 $
- Kantishna: 92 Meilen/13 Stunden Fahrzeit/60 $

Tour-Busse

Mit den Tour-Bussen werden geführte Tagesausflüge in den Park mit professioneller Begleitung und Verpflegung durchgeführt. Es ist nicht möglich, den Bus zu wechseln. (Alle Preise inklusive Nationalparkgebühr.)

- Denali Natural History Tour: 17 Meilen/ 5 Stunden/77 $ /Imbiss und Getränke
- Windows into Wilderness: 30 Meilen/ 6 Stunden/106 $/Imbiss und Getränke
- Tundra Wilderness Tour: 53 Meilen/ 8 Stunden/125 $/Lunchpaket und Getränke
- Kantishna Experience: 92 Meilen/ 12 Stunden/169 $ /Mittagessen, Snacks und Getränke

Camping

Zum Nationalpark gehören sechs Campingplätze, wobei nur drei für Wohnmobile zugänglich sind. Der Riley Creek Campground ist der größte und komfortabelste. Er liegt in der Nähe des Visitor Center und der Abfahrt der Busse. Die Savage River- und Teklanika River Campgrounds sind kleiner und liegen einige Meilen im Parkinneren.

mit der guten Straßenanbindung begründet, denn der Denali punktet mit Superlativen.

Die Hauptattraktion im Park ist zweifellos der spektakuläre Mount McKinley, mit 6194 Metern der höchste Berg Nordamerikas. Leider zeigt er sich nur an wenigen Tagen, meist ist er wolkenverhangen. Die am häufigsten gestellte Frage ist deshalb auch: »Have you seen him? Haben Sie ihn gesehen?« Natürlich ist es ein einmaliges Erlebnis, wenn man den vergletscherten Bergriesen im Sonnenlicht vor sich aufragen sieht. Vom Wonder Lake aus erhebt sich seine Nordflanke über 3000 Meter bis zum Gipfel. Solche steil aufragenden Bergmassive gibt es nicht einmal im Himalaja. Aber auch bei weniger guter Sicht ist der Park ein Höhepunkt jeder Alaska-Rundreise. Nirgendwo ist die Tierwelt so vielfältig und gut zu beobachten wie hier. Rund 2000 Elche, 3000 Karibus und über 300 Grizzlys leben im Park, darüber hinaus noch Wölfe, Füchse, Dallschafe, Weißkopfadler und einige Willow Ptarmigans (Moorschneehühner), die Nationalvögel Alaskas. Der größte Teil des Parks liegt oberhalb der Baumgrenze und bietet somit gute Möglichkeiten zur Tierbeobachtung.

Der Zugang zum Nationalpark ist stark reglementiert. Das Befahren der Parkstraße ist für private Fahrzeuge verboten, man muss die Shuttle- oder Tour-Busse nutzen. Die Nachfrage ist jedoch viel größer als das Angebot, und so bilden sich jeden Morgen lange Schlangen vor den Reservation Desks im großen Visitor Center. Die Chance, einen Busplatz für denselben oder den nächsten Tag zu be-

Der Mount McKinley ist mit 6194 Metern der höchste Berg Nordamerikas.

kommen, ist aber eher gering. Eine Reservierung ist also unbedingt zu empfehlen. Dies gilt auch für die Campingplätze im Park.

Wenn es mit dem Busticket doch nicht geklappt hat, dann kann man trotzdem einen Tag hier verbringen. Das Parkmuseum im Eingangsbereich des Nationalparks ist einen Besuch wert. Dort beginnt auch die vier Kilometer lange, lohnenswerte Wanderung zum Mount Healy Overlook. Den Mount McKinley sieht man aber leider von dort nicht. Neben dem Park Headquarter wird täglich eine Show der Schlittenhunde gezeigt. Die Anfahrt ist mit dem kostenlosen Sled Dog Demonstration Shuttle möglich. Der Eintritt ist frei. Der ebenfalls kostenlose Savage River Shuttle (beide Shuttles ohne Reservierung) fährt vom Visitor Center zum Mountain Vista Trailhead/Savage River Loop Trail mit Day Use Area bei Meile 14. Aktuelle Informationen zur Wanderung und zu den Abfahrtszeiten der Busse gibt es im Visitor Center.

Weiter auf dem Parks Highway nach Anchorage

Der George Parks Highway verläuft jetzt immer an der Ostseite des Denali National Park nach Süden. Mit rund 24 500 Quadratkilometern ist der Park flächenmäßig größer als Mecklenburg-Vorpommern. Nach 110 Kilometern erreichen wir den sich anschließenden Denali State Park. Hier hat man von verschiedenen Viewpoints am Highway noch mal eine hervorragende Sicht auf den Mount McKinley, gutes Wetter natürlich vorausgesetzt. Das entschädigt vielleicht all jene, die kein Busticket für den Denali National Park bekommen haben.

Weiter südlich kommen wir in das Tal des Susitna River mit seinen zahlreichen Nebenflüssen. Der Fluss ist bekannt für seinen Fischreichtum. Besonders zur Zeit der Lachswanderung ist er ein Paradies für Angler. Später passieren wir Willow. Die kleine Stadt mit gerade mal 1700 Einwohnern wäre 1976

Der Portage Lake mit dem gleichnamigen Gletscher ist für viele der schönste See Alaskas.

fast die Hauptstadt Alaskas geworden, als eine Mehrheit der Wähler für den Umzug von Juneau nach Willow votierte. Der amerikanische Landschaftsarchitekt M. Paul Friedberg entwickelte daraufhin einen Masterplan für die neue Landeshauptstadt. Bodenspekulanten witterten ein großes Geschäft. Als dann die Umzugskosten in Milliardenhöhe beziffert wurden, distanzierten sich die Einwohner Alaskas bei der Wahl 1982 wieder von dem Beschluss. So blieb Willow ein kleiner, verschlafener Ort, in dem ein Stopp kaum lohnt.

Zwischen Willow und Wasilla passieren wir mehrere Seen. Der Big Lake ist der größte von allen und touristisch am besten erschlossen. Er liegt schon im unmittelbaren Umfeld von Anchorage und ist deshalb im Sommer und vor allem an Wochenenden stark besucht. Über die gut ausgebaute Big Lake Road sind wir in wenigen Minuten am See und können uns entscheiden, ob wir nur eine kurze Pause einlegen oder auf dem großen Campingplatz übernachten wollen.

In Wasilla, dem letzten größeren Ort vor Anchorage, dreht sich alles um das weltweit größte Hundeschlittenrennen, das Iditarod Trail Sled Dog Race. Von 1973 bis 2002 wurde dieses Rennen in Wasilla gestartet, danach verlegte man den offiziellen Startpunkt publikumswirksam in die Innenstadt von Anchorage. In Wasilla befindet sich aber immer noch das Sled Dog Race Headquarter mit einem sehenswerten Museum über das Hunderennen. Neben dem Museum besteht die Möglichkeit, auf einem Hundeschlitten mitzufahren.

Ab Wasilla ist der George Parks Highway vierspurig ausgebaut. Er mündet nach 24 Kilometern auf den Glenn Highway. Nach einer Stunde Fahrzeit haben wir Anchorage erreicht.

Im Süden von Anchorage bietet Anchorage Coastal Wildlife Refuge beste Bedingungen zur Vogelbeobachtung.

Hundeschlittenrennen sind die populärsten Sportveranstaltungen in Alaska.

Viele Viewpoints am Highway laden zum Schauen und Fotografieren ein.

Anchorage – die Metropole in der Wildnis

Mit annähernd 300 000 Einwohnern ist Anchorage die größte Stadt Alaskas und das wirtschaftliche Zentrum des 49. Bundesstaates. Fast jeder zweite Bewohner Alaskas lebt hier. Die Stadt wirkt modern und großzügig. An Platz mangelt es ja nicht. Nur im unmittelbaren Stadtzentrum stehen einige Bürohochhäuser. Historische Gebäude sucht man vergebens. Das verheerende Karfreitags-Erdbeben von 1964 zerstörte damals die Stadt fast völlig. Der Neuaufbau bot die Chance, der Stadt eine moderne amerikanische Struktur zu geben. Alle Straßen sind schachbrettartig angeordnet und mit Ziffern und Buchstaben bezeichnet.

Das unmittelbare Zentrum wird begrenzt durch die West 3rd Avenue und West 6th Avenue sowie durch die C – und I-Street. Hier befinden sich Hotels, Restaurants, das große Veranstaltungszentrum Alaska Center for the Performing Arts, der Town Square Park und das Anchorage Convention and Visitors Bureau im großen Blockhaus. Dort erhalten wir auch den Tipp, unbedingt das Anchorage Museum of History and Art zu besuchen. Es ist das größte Museum Alaskas mit einer sehr interessanten Exposition zur Kultur der Ureinwohner sowie zur Besiedlung und Entwicklung Alaskas bis zur Gegenwart.

Einkaufen ist in Anchorage so günstig wie

» SPECIAL – ANCHORAGE

Gründung und Entwicklung

Die Gründung der Stadt geht ausnahmsweise mal nicht direkt auf die Ansiedlung von Goldsuchern zurück, vielmehr war der Bau der Alaska Railroad von Seward nach Fairbanks das auslösende Ereignis. 1915 errichtete die Eisenbahngesellschaft an der Mündung des Ship Creek ins Cook Inlet ein großes Bauarbeitercamp und verlegte später ihren Firmensitz von Seward dorthin. Anfangs wurde der Ort auch Ship Creek genannt. Am 23. November 1915 erhielt Anchorage die Stadtrechte.

Nach dem Eisenbahnbau verhalf der Luftverkehr Anchorage zu wachsender Bedeutung. »Air Crossroads of the World« nannte sich die Stadt dann selbstbewusst, weil alle Flugzeuge nach Asien zum Auftanken in Anchorage landen mussten. Auch die militärische Bedeutung Alaskas während des Zweiten Weltkriegs und der Bau des Alaska Highway begünstigten die Entwicklung der Stadt. Am 27. März 1964 kam dann der Tiefpunkt. Anchorage wurde durch das Karfreitags-Erdbeben fast völlig ausgelöscht. Fünf Minuten bebte die Erde, es war das zweitstärkste Erdbeben seit Beginn der Aufzeichnung. Auch Seward wurde damals fast vollständig zerstört. Der Wiederaufbau brachte einen neuen Boom. Ölfunde im Cook Inlet, der Bau der Trans-Alaska Pipeline und die landwirtschaftliche Erschließung des fruchtbaren Matanuska Valley nördlich von Anchorage ließen die Stadt weiter wachsen. Von 1970 bis 1980 verdreifachte sich die Bevölkerung auf über 174 000 und wuchs in den Folgejahren kontinuierlich. Die Fluktuation ist aber bis heute sehr hoch, die meisten kommen wegen der gut bezahlten Jobs für einige Jahre und gehen dann wieder zurück in die »Lower 48«. Vielleicht ist das auch der Grund dafür, dass manche Häuser in den Vorstadtsiedlungen einen eher provisorischen Eindruck machen. Wie einige andere amerikanische Städte hat auch Anchorage auf den zweiten Blick ein Problem mit Arbeitslosigkeit, Abwanderung und Armut. Viele Menschen sind der Meinung, dass die Gewinne aus der Ölförderung nicht sinnvoll verwendet werden.

sonst nirgendwo in Alaska. Riesige überdachte Shopping Malls und viele Supermärkte lassen keinen Wunsch offen. Ein Stadtbummel durch Downtown gehört zum Standardprogramm in Anchorage. Parkplatzprobleme gibt es kaum. Eine Überraschung waren für uns die vielen bepflanzten Hängekörbe – mehrere Zehntausend sollen es sein –, sowie die Blumen- und Gemüserabatten im Stadtzentrum. Ja wirklich, es gibt Beete mit Blumenkohl, Rotkraut und Petersilie – und sie sind äußerst dekorativ. Der Anbau von Gemüse wird hier sehr sportlich gesehen. Auf der Alaska State Fair in Palmer nahe Anchorage werden jedes Jahr im Herbst die größten Kohlköpfe und weiteres XXL-Gemüse prämiert. Über 30 Kilogramm bringt der Siegerkohl auf die Waage, fast unglaublich für Alaska, aber das angenehm milde Seeklima in Anchorage und im nördlich der Stadt liegenden fruchtbaren Matanuska Valley wie auch die Mitternachtssonne, die in den Sommermonaten bis zu 20 Stunden am Tag scheint, lassen solche Prachtexemplare wachsen.

Wale im Kenai Fjords National Park

Vom milden Klima kann man sich auch gut an der Küste im Westen der Stadt verwöhnen lassen. Neben der großartigen Panoramaaussicht über den Knik Arm bis zu der majestätischen Gebirgskette der Chigmit Mountains gibt es hier auch mehrere Parks und den schönen Tony Knowles Coastal Trail. Dieser 18 Kilometer lange Fahrrad- und Wan-

Vergletscherte Berge am Ufer des Blying Sound im südlichen Alaska

Die Lake Hood Seaplane Base in Anchorage ist der verkehrsreichste Wasserflugzeughafen der Welt.

» SPECIAL

Lake Hood Seaplane Base
Südwestlich vom Stadtzentrum, neben dem Anchorage International Airport, liegt die Lake Hood Seaplane Base. Auf dem verkehrsreichsten Wasserflugzeughafen der Welt werden im Sommer täglich bis zu 800 Starts und Landungen abgewickelt. Neben vielen Businessflügen starten hier jeden Tag auch Hunderte Privatflüge. Man fliegt in die Wildnis zum Angeln, zum Jagen oder zum Wandern, man besucht Freunde oder fliegt ins Wochenende. In Alaska ist Fliegen fast so normal wie bei uns Auto fahren.
Als stadtnahe Campingplätze stehen der Ship Creek RV Park (stadtnächster Platz) oder der Golden Nugget Camper Park (Busanbindung zur City) zur Auswahl. Beide Plätze sind von ihrer Lage her nicht unbedingt zu empfehlen. Besser campt man im Chugach State Park auf dem Eagle River Campground, nördlich von Anchorage.

derweg beginnt nahe der Innenstadt beim Resolution Park und endet am Kincaid Park im Südwesten. Nach den langen Autofahrten der letzten Tage ist eine Fahrradtour vielleicht eine willkommene Abwechslung. Im Stadtzentrum gibt es mehrere Verleihfirmen, wie zum Beispiel Downtown Bicycle Rental. Aktuelle Infos erhält man im Visitor Center.

Auf dem Seward Highway zum Kenai Fjords National Park

In Anchorage sagt man, die Wildnis und die Natur beginnen direkt vor der Stadt. Das trifft auch auf die Kenai Peninsula, unser nächstes Reiseziel, zu. Die erste Etappe unserer Fahrt auf dem Seward Highway führt am lang gezogenen Turnagain Arm entlang. Wir passieren

Typische Wohnhäuser auf der Kenai Peninsula

das Anchorage Coastal Wildlife Refuge, ein auch als Potter Marsh bekanntes Feuchtgebiet, wo ein Boardwalk die Beobachtung verschiedener Vogelarten erleichtert.

Nächster Stopp ist die Potter Section House State Historic Site mit kleinem Eisenbahnmuseum. Interessant ist die große Schneeräumturbine, die vor eine Lokomotive montiert wurde. Schneehöhen bis zu sechs Metern sind hier keine Seltenheit. Nur fünf Kilometer weiter erreichen wir einen großen Rastplatz mit Picknicktischen am Wasserfall des McHugh Creek. Auch auf der weiteren Fahrt laden immer wieder Parkplätze am Wasser zu einer Fotopause ein. An vielen dieser Parkplätze sind auch Infotafeln zur Erklärung der Tierwelt und zu den Besonderheiten des Turnagain Arm aufgestellt. Ein Naturphänomen ist der ungewöhnlich hohe Gezeitenhub, der, begünstigt durch die Länge und die Trichterform des Meeresarmes, hier bis zu elf Meter beträgt. Bei Ebbe bleibt nur noch ein schmaler Streifen Wasser zurück.

In Girdwood, dem nächsten Ort auf der Strecke, beginnt Alaskas größtes Wintersportgebiet. Direkt neben dem Alyeska Resort steht die Talstation der Alyeska Tram, einer Seilbahn, die zur Aussichtsplattform auf den 700 Meter hohen Alyeska fährt. Bei guter Sicht kann man die endlosen Gipfel der Chugach Mountains und über den Turnagain Arm bis zur Kenai Peninsula sehen.

Über die Crow Creek Road (Abzweig vom Alyeska Highway) erreicht man die alte Crow Creek Mine. Sie bietet als National Historic Site einen guten Einblick in die damalige Goldförderung. Aus der Goldmine wurden zwischen 1898 und 1940 mehrere Tonnen Gold gefördert. Wer Lust hat, kann das Goldwaschen auch selbst einmal ausprobieren.

Am äußersten Ende des Turnagain Arm zweigt die Portage Glacier Road zum Portage Lake und nach Whittier ab. Wir nehmen diesen Abzweig und fahren bis zum Portage Lake und dann wieder rechts zum Begich, Boggs Visitor Center. Der See – manche bezeichnen ihn als den schönsten Alaskas –, bietet ein traumhaftes Panorama. Die ihn umgebenden vergletscherten Berge spiegeln sich im blauen Wasser, die Gletscher schieben sich in den See, und immer wieder brechen Eisbrocken ab, die dann auf dem See schwimmen.

Die Straße führt noch zwei Kilometer an der Südseite des Sees weiter bis zur Anlegestelle der »MV Ptarmigan«. Dieses Ausflugsboot fährt mehrmals täglich zur Gletscherzunge (34 $, 1 Stunde). Empfehlenswerter und auch preiswerter ist jedoch der Byron Glacier Trail. Er beginnt am Bootsanleger und führt direkt bis zum Byron-Gletscher.

» WISSENSWERTES

Gletscher im Süden Alaskas

Der Portal Lake bildet den Endpunkt mehrerer Gletscherzungen, die sich von einem großen Eisfeld der Kenai Mountains herabschieben. Dazu zählen, neben dem gewaltigen Portage Glacier, der kleinere Byron Glacier, der Burns Glacier im Osten des Sees und dahinter der Whittier Glacier. In der Nähe von Seward liegen weitere Gletscher im Harding- und im Sargent Icefield. Dass sich so viele Gletscher im relativ warmen Süden Alaskas, aber keine im eisigen Norden gebildet haben, hat seinen Grund in den Niederschlägen, die hier fallen. Im arktischen Norden Alaskas ist es viel zu trocken, die Niederschlagsmenge ist mit Wüstenregionen vergleichbar.

Ein Grizzly kommt direkt bis ans Wohnmobil.

» WISSENSWERTES

William H. Seward
Der Ort Seward wurde nach dem amerikanischen Außenminister William H. Seward (1801–1872) benannt. Seward unterzeichnete nach langen Verhandlungen am 30. März 1867 gemeinsam mit dem russischen Botschafter Eduard von Stoeckl den Kaufvertrag, mit dem das Zarenreich für die Summe von 7,2 Millionen Dollar Alaska an die Vereinigten Staaten abtrat. Mit etwa vier Dollar pro Quadratkilometer war es einer der günstigsten Landkäufe der Geschichte. Trotzdem stand William H. Seward in der Folgezeit stark in der öffentlichen Kritik und wurde sogar verspottet. Die amerikanische Besiedlung und Entwicklung Alaskas begann mit dem Alaska Goldrush zu Beginn des 20. Jahrhunderts. Die Erschließung weiterer Bodenschätze wie Kupfer, Silber und Öl ließen den Kauf später als einen der größten Deals in die amerikanische Geschichte eingehen. Seit 1918 wird der 30. März als »Seward's Day« bezeichnet und ist in Alaska ein gesetzlicher Feiertag.

Unmittelbar an der Portage Glacier Road liegt der Williwaw Campground des Chugach National Forest Service. Hier beginnen einige kurze Wanderwege. Alle Informationen dazu gibt es im Visitor Center.

Zurück auf dem Seward Highway fahren wir noch einige Kilometer auf der Südseite des Turnagain Arm nach Westen und folgen dann dem Highway nach Süden. Unser Ziel ist Seward an der Resurrection Bay. Die Straße steigt allmählich an und erreicht die Kenai Mountains. Wir fahren durch das Gebiet des Chugach National Forest mit zahlreichen Seen, Bächen und Campingmöglichkeiten. Die Strecke ist ein weiterer Höhepunkt unserer Alaska-Rundreise. Kurz vor der Ortschaft Seward zweigt rechts die Exit Glacier Road zum gleichnamigen Gletscher ab. Nach 14 Kilometern erreichen wir den Parkplatz. Von hier führt ein kurzer Trail zum Fußpunkt des Exit Glacier, er gehört zum Harding Icefield. Der Exit Glacier ist der am besten zugängliche Gletscher im Kenai Fjord National Park.

Der eindrucksvolle Holgate Glacier im Kenai Fjord National Park ist nur mit dem Boot erreichbar.

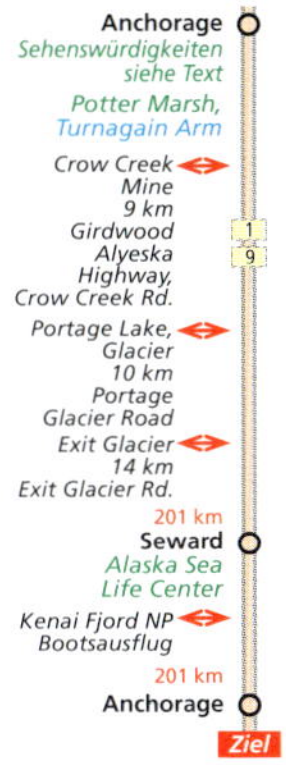

Der größte Teil des 2600 Quadratkilometer großen Nationalparks liegt im unzugänglichen südlichen Teil der Kenai Peninsula und ist nur per Boot oder Flightseeing-Exkursionen erreichbar. Seward, die blühende Hafen- und Touristenstadt, ist der Ausgangspunkt für Bootsausflüge durch den Blying Sound zu den Fjorden, Gletschern und vereisten Bergen an der südlichen Küste der Halbinsel. Hier leben Buckelwale, Orcas, Seelöwen, Robben, Pinguine und eine Vielzahl Seevögel. Der Höhepunkt des Bootsausflugs ist zweifellos der Holgate Glacier. Das Ausflugsboot fährt ganz nahe an die Eiswand heran. Die gletscherblaue Färbung, das gewaltige Knacken im Eis und dann das Kalben des Gletschers sind einmalige Erlebnisse. Bootstouren können vor Ort oder im Internet (zum Beispiel bei Kenai Fjords Tours) gebucht werden. Die Tour ist bei gutem Wetter sehr zu empfehlen.

Seward liegt landschaftlich so schön, dass man bei ausreichender Zeit auch noch einen halben Tag hier verbringen kann. Bei einem Bummel am Hafen, zwischen Jachten und Ausflugsbooten, könnte man vergessen, dass man in Alaska ist. Nahe beim Hafen lädt das Alaska SeaLife Center, ein Forschungszentrum mit Aquarium und Besucherbereich, zu einem Besuch ein. Die Forschung in diesem Zentrum und der praktizierte Naturschutz haben einen traurigen Ausgangspunkt. Spätestens seit dem Tankerunglück der »Exxon Valdez« im Jahr 1989 weiß man, wie gefährdet das Ökosystem im südlichen Alaska ist.

Mit herrlichem Blick über die Resurrection Bay verbringen wir noch eine Nacht auf dem direkt am Ufer liegenden Waterfront Park & Resurrection Bay Campground. Er ist absolut zu empfehlen. Der Hafen und die Innenstadt sind per Fuß zu erreichen.

Mit unvergesslichen Eindrücken verlassen wir Seward und die Kenai Peninsula und fahren auf dem Seward Highway zurück nach Anchorage, zum offiziellen Endpunkt unserer Alaska-Tour.

Seelöwen fühlen sich wohl in den kalten Gewässern des Golf von Alaska

» TIPP

Zugabe gefällig?
Die oben beschriebene Tour lässt sich auch als Roundtrip ab Fairbanks oder Anchorage durchführen. Ebenso ist eine Kombination mit unserer Tour 5 (Goldrush Tour) möglich. In beiden Fällen müssen wir wieder bis zum Ausgangspunkt der Tour nach Tok bzw. Tetlin Junction fahren. Für diese Strecke gibt es zwei Möglichkeiten. Der »Landweg« führt von Anchorage nach Palmer und weiter auf dem Glenn Highway bis Glennallen an der Kreuzung mit dem Richardson Highway. Der »Seeweg« ist die attraktivere, aber auch preisintensivere Alternative. Von Whittier fährt täglich eine Fähre nach Valdez (zwei Personen mit Wohnmobil ca. 400 $). Besonders bei gutem Wetter ist die Fahrt durch den Prince William Sound mit den ihn umgebenden Bergen und Gletschern ein absoluter Höhepunkt. Die Fährpassage muss jedoch rechtzeitig reserviert werden. Von Valdez aus führt der Richardson Highway zu der oben genannten Kreuzung mit dem Glenn Highway. Ab hier sind es noch 220 Kilometer auf dem Highway 1 bis nach Tok, dem Ausgangspunkt der Tour 5.

» PRAKTISCHE HINWEISE

TOURISTINFORMATIONEN

Tok

Alaska Public Lands Information Center, N 63° 20' 9.1" W 142° 58' 58.1" *www.alaskacenters.gov/tok.cfm*
Mainstreet Visitor Center, Alaska Highway/Center Street, Tok *www.tokalaskainfo.com/*

Nenana

Visitor Center/Nenana Ice Classic, N 64° 33' 35.4" W 149° 5' 46.8"
www.alaska-travel.de/Destinations/Communities/Nenana.aspx

Denali National Park

Denali NP Visitor Center, N 63° 43' 58.1" W 148° 55' 0.6"
www.nps.gov/dena/planyourvisit/the-denali-visitor-center.htm

Anchorage

Convention and Visitors Bureau, 524 West 4th Avenue, Anchorage
www.anchorage.net

Portage Lake

Begich, Boggs Visitor Center, N 60° 47' 5.0" W 148° 50' 32.3"
www.alaska.org/detail/begich-boggs-visitor-center

MUSEEN/ATTRAKTIONEN/AUSFLÜGE

North Pole

Santa Claus House: 101 St. Nicholas Drive, North Pole, *www.santaclaushouse.com*
Hier ist das ganze Jahr über Weihnachten. Gut, um seine Urlaubspost in den Briefkasten zu stecken.

Fairbanks

Pioneer Park: 2300 Airport Way, Fairbanks, *www.co.fairbanks.ak.us/pioneerpark*
Historischer Themenpark mit Ausstellungen, Museen, Gaststätten, Shops und vielen weiteren touristischen Angeboten.
Howling Dog Saloon: 2160 Old Steese Highway North, Fox/N 64° 57' 27.3" W 147° 37' 12.3" – *www.howlingdogsaloon.alaskansavvy.com*
Authentischer Saloon am Rande von Fairbanks, ein Geheimtipp!!

Der Howling Dog Saloon ist eine urige Bar in Fairbanks.

Wasilla

Iditarod Trail Sled Dog Museum: 2100 South Knik Goose Bay Road, Wasilla/N 61° 33' 35.3" W 149° 28' 42.1" – *www.iditarod.com*
Kleines Museum neben dem Headquarter des »Iditarod Trail Sled Dog Race« mit historischem Anschauungsmaterial, Videovorführungen und viel Wissenswertem über das weltweit größte Hundeschlittenrennen.

Anchorage

Anchorage Museum of History and Art: 625 C Street, Anchorage, *www.anchoragemuseum.org*
Größtes Museum Alaskas mit einer umfasssenden Präsentation zur Geschichte Alaskas und verschiedenen Kunstausstellungen.
Downtown Bicycle Rental: 333 West 4th Avenue, Anchorage, *www.alaska-bike-rentals.com*
Fahrradverleih mit hochwertigen Rädern, auch halbtägliche Miete möglich.

Girdwood

Crow Creek Historic Gold Mine: 601 Crow Creek Road/Girdwood/N 60° 59' 10.6" W 149° 6' 24.5", *www.crowcreekmine.com*
Historische Goldmine von 1896, Goldpanning möglich.

Seward

Alaska SeaLife Center: 301 Railway Avenue, Seward, *www.alaskasealife.org*
Station zur Erforschung und zum Schutz der Tierwelt im Golf von Alaska mit Aquarium und Besucherbereich.

CAMPING

(bei einigen Campingplätzen stehen die GPS-Daten für die ausgeschilderte Zufahrt ab Highway)

Fairbanks

Tanana Valley Campground and RV Park, *www.fairbankscampgroundandrvpark.com*
1800 College Road, Fairbanks/30 Stellplätze, 26 $/N 64° 51' 49.7" W 147° 45' 37.8"
Stadtnaher Campingplatz mit guter Ausstattung. Alle Wohnmobil-Stellplätze mit Stromanschluss. Duschen, Dumpingstation, WiFi verfügbar. Bus in die Innenstadt ab College Road. Guter Platz für den Besuch der jährlich im August stattfindenden Tanana Valley State Fair, einer Mischung aus Messe und Jahrmarkt.
Chena River State Recreation Site, *www.fairbankscampground.com*
3530 Geraghty Ave/221 University Ave, Fairbanks/56 Stellplätze, ab 17 $/N 64° 50' 22.5" W 147° 48' 44.1"
In einem ausgedehnten Waldgelände in der Nähe der Universität liegt dieser großzügig angelegte Campingplatz in Citynähe. Dumpingstation vorhanden, einige Stellplätze mit Full Hook Up. Keine Duschen.

Denali National Park

Riley Creek Campground, *www.nps.gov/dena/planyourvisit/campground-riley.htm*

Nahe dem Parkeingang/147 Stellplätze, 22–28 $/N 63° 43' 55.7" W 148° 53' 38.7"
Größter und komfortabelster Campingplatz im Denali Nationalpark. Dumpingstation, Duschen, Shop, Waschsalon verfügbar. Kein Strom- oder Wasseranschluss an den Stellplätzen. Der Platz liegt zentral beim Eingangsbereich des Parks, nahe dem Visitor Center und den Abfahrtsstellen der Busse. Buchung im Denali NP Visitor Center.
Savage River Campground, *www.nps.gov/dena/planyourvisit/campground-savage.htm*
Park Road Meile 13/33 Stellplätze, 22–28 $/N 63° 44' 18.5" W 149° 17' 31.1"
Dieser kleine Campingplatz liegt am Ende der frei befahrbaren Parkroad bei Meile 13. Anfahrt ist nur mit gültiger Reservierung/Buchung erlaubt. Buchung im Denali NP Visitor Center. Kein Service, keine Dumpingmöglichkeit, keine Duschen, nur Trinkwasser. Wanderungen ab Campingplatz mit Sicht auf den Mount McKinley.
Teklanika River Campground, *www.nps.gov/dena/planyourvisit/campground-tek.htm*
Park Road Meile 29/53 Stellplätze, 22 $/N 63° 40' 11.8" W 149° 34' 38.6"
Campingplatz im Parkinneren bei Meile 29. Sondergenehmigung zum Befahren der Park Road erforderlich. Mindestaufenthalt 3 Nächte!! Während des Aufenthaltes darf das Fahrzeug nicht im Park bewegt werden, außer An- und Abfahrt. Kein Service auf dem Platz, nur Trinkwasser. Für die Benutzung der Shuttle-Busse ist der sog. »Tek-Pass« zu empfehlen. Damit kann man die Busse an mehreren Tagen benutzen.

Willow

Big Lake North Campground,
www.dnr.alaska.gov/parks/aspunits/matsu/biglakenosrs.htm
60 Stellplätze, 15 $/N 61° 32' 44.0" W 149° 51' 17.6"
Großer Campingplatz am neu als Erholungsgebiet erschlossenen Big Lake. Nur Trinkwasser, sonst keine Ausstattung. Am Wochenende stark belegt (Naherholungsziel). Alkoholverbot auf dem Platz!!

Anchorage

Ship Creek RV Park,
www.alaskarv.com/alaska_rv_parks/pages/anchorage_rv_park.htm
150 N Ingra Street, Anchorage/146 Stellplätze, ab 29 $/N 61° 13' 20.2" W 149° 52' 7.2"
Stadtnächster Platz mit allem Komfort, wenngleich nicht sehr schön, weil nahe der Bahn in einem Industriegebiet gelegen. Stellplätze mit Full Hook-up, nur mit Stromanschluss oder ohne Anschlüsse verfügbar. WiFi am Platz.
Golden Nugget Camper Park, *www.goldennuggetcamperpark.com*
4100 Debarr Road, Anchorage/215 Stellplätze, 35 $/N 61° 12' 32.9" W 149° 48' 2.1"
Etwa 5 Kilometer östlich von Downtown gelegen. Komfortplatz mit Busanbindung in die City. Duschen, Waschmaschinen, WiFi vorhanden.

Visitor Information Center in Anchorage

Eagle River Campground (Chugach State Park), *www.dnr.alaska.gov/parks/aspunits/chugach/eaglerivercamp.htm*
57 Stellplätze, 15 $/N 61° 18' 20.3" W 149° 34' 26.4"
Beste Alternative für alle, die nicht unbedingt in der City übernachten wollen. 20 Kilometer nordöstlich von Anchorage am Eagle River gelegen. Großzügige Stellplätze, aber keine Versorgung am Stellplatz. Trinkwasser und Dumpingstation vorhanden. Sehr beliebt und deshalb in der Saison zeitig ausgebucht.

Girdwood

Williwaw Campground, *www.fs.usda.gov/recarea/chugach/recreation/camping-cabins/recarea/?recid=6604&actid=29*
60 Stellplätze, 18 $/N 60° 47' 13.5" W 148° 52' 20.9".
Einfacher, schön gelegener Campingplatz des Chugach National Forest Service mit einfachster Ausstattung, nahe dem Portage Lake und dem Begich, Boggs Visitor Center. Am Campingplatz beginnen einige kurze Wanderwege und auch der beliebte Trail of Blue Ice.

Seward

Waterfront Park & Resurrection Bay Campground,
www.cityofseward.us/index.aspx?nid=864
Madison Street/Ballaine Boulevard, Seward/100 Stellplätze, 30 $/N 60° 6' 28.7" W 149° 26' 7.9"
Stadtnaher Campingplatz direkt am Ufer der Resurrection Bay gelegen. Alle Stellplätze mit Strom- und Wasseranschluss. Der Hafen und die Innenstadt sind zu Fuß erreichbar. Guter Ausgangspunkt für Bootstouren in den Kenai Fjord Nationalpark.

INTERNETADRESSEN

Reservierung Denali Shuttle Bus/Bus Tours/Camping
www.reservedenali.com

Bootstour im Kenai Fjord National Park (Info und Buchung Kenai Fjords Tours)
www.kenaifjords.com

Reservierung Fähre Whittier-Valdez
www.dot.state.ak.us/amhs

5 AUF DEN SPUREN DER GOLDSUCHER

Über den Top of the World Highway nach Dawson City (Yukon) und bis Skagway (Alaska)

Start- und Endpunkt: Tetlin Junction/Tok (Alaska) und Whitehorse (Yukon) **Empfehlung:** Der beschriebene Streckenverlauf schließt direkt an Tour 3 oder Tour 4 an. Die Kombination von Tour 3 (ab Whitehorse) mit der hier beschriebenen Tour 5 und der Tour 4 bietet eine einmalige Rundreise durch den Yukon und Alaska. Eine Anmietung des Wohnmobils ist in Whitehorse, in Anchorage oder Fairbanks möglich. **Hinweis:** Bitte beachten Sie bei der Anmietung des Wohnmobils, dass der Taylor & Top of the World Highway von Tetlin Junction nach Dawson City auf einem Teilstück von 67 Kilometern nicht geteert ist. Eventuell ist eine ausdrückliche Erlaubnis des Vermieters erforderlich. **Beste Jahreszeit:** Mitte Juni bis Mitte September **Streckenlänge ohne/mit Abstecher:** 1376 km/1670 km **Fahrzeit:** 2 Wochen

In der unwegsamen Wildnis des Yukon brach im Jahr 1898 ein unbeschreiblicher Goldrausch aus, nachdem die ersten erfolgreichen Goldsucher vom Klondike nach Seattle und San Francisco zurückgekehrt waren. Über 100 000 Glücksritter machten sich daraufhin auf den beschwerlichen Weg von Skagway nach Dawson City. Den meisten war nicht klar, auf welches Abenteuer sie sich einließen. Unsere Goldrush-Tour führt zu den legendären Orten dieser Zeit. Dawson City, Carmacks, Carcross, Skagway, Haines und dann noch mal Whitehorse. Wir fahren auf den schönsten Highways durch eine traumhafte Landschaft und werden viele Zeugnisse aus dieser spannenden Zeit finden. In einem urigen Saloon oder beim Gold panning fühlen wir uns, etwas Fantasie vorausgesetzt, fast wie zu Zeiten des Goldrushs am Klondike.

Auf dem Panoramahighway von Alaska nach Dawson City

Der Startpunkt unserer Tour 5 ist Tetlin Junction, wo der Taylor Highway vom Alaska Highway abzweigt. Wir fahren trotzdem erst einmal ins 18 Kilometer entfernte Tok, um einzukaufen und um zu tanken. Der kleine Umweg macht sich bei den gegenüber Kanada viel niedrigeren Preisen schnell bezahlt. Im riesigen Blockhaus des Tok Mainstreet Visitor Center, es soll das größte Blockhaus in Alaska sein, besorgen wir uns die aktuellsten Informationen zum Straßenzustand des Taylor & Top of the World Highway.

Zurück in Tetlin Junction biegen wir auf den Taylor Highway 5 ab und fahren auf geteerter Straße bis Chicken. In diesem kleinen Goldgräberdorf sollte man auf jeden Fall anhalten. Nur zehn Einwohner leben hier ständig. Im Sommer sind es natürlich viel mehr, dann wird Chicken von Goldsuchern, Fallenstellern, Abenteuerlustigen und Besuchern aus aller Welt bevölkert. Auf dem Chicken Gold Camp & Outpost Campground kann man nicht nur übernachten. Ein Tag beim Goldschürfen oder Goldwaschen könnte auch die Urlaubskasse auffüllen oder wenigstens den Abend im Saloon finanzieren. Die Wahrscheinlichkeit, hier Gold zu finden, ist gar nicht so schlecht. Während des letzten Jahrhunderts wurden über 2800 Kilogramm aus dem Chicken Creek und seinen Seitenarmen gefördert, und es wird immer noch reichlich gefunden.

Ab Chicken ist der Highway auf den nächsten 67 Kilometern bis zur Grenze nicht geteert. Die Gravelroad ist aber recht gut zu befahren. Natürlich sollte man immer sehr vorsichtig und langsam sein. Immer höher schraubt sich der Taylor Highway über die Gipfel der umliegenden Berge. 45 Kilometer nach Chicken verläuft der Taylor Highway 5 in einer Spitzkehre nach Eagle, wir fahren hier weiter geradeaus auf dem Top of the World Highway 9 zur Grenzstation. Eine verlassene Tankstelle, das letzte Gebäude auf amerikanischer Seite, bietet einen willkommenen Grund, um noch mal anzuhalten und einige Schritte zu laufen.

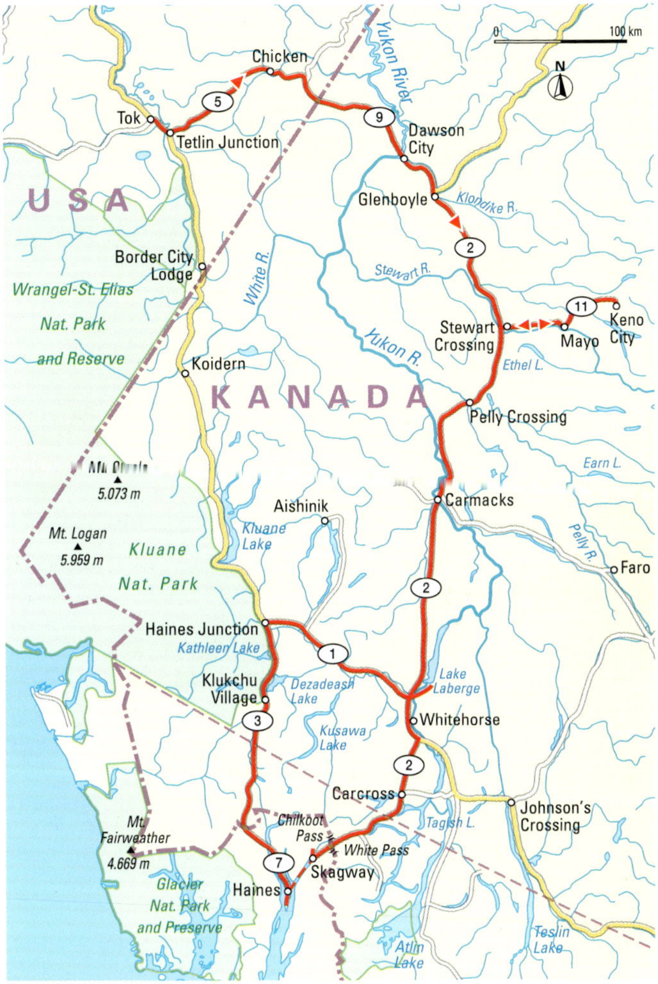

Dann erreichen wir die im Sommer täglich von 08:00 Uhr bis 20:00 Uhr (Alaskatime) geöffnete Grenzstation. Auch hier sind wieder die Einfuhrvorschriften zu beachten, und die Uhr wird eine Stunde vorgestellt. 1258 Meter hoch liegt der Grenzposten, meist ist es kalt und windig. Wir sind froh, nach der Grenzkontrolle wieder im warmen Wohnmobil zu sitzen und bei der Weiterfahrt das Panorama auf uns wirken zu lassen. Direkt auf dem Bergkamm verläuft der Highway, unter uns liegen das hügelige Bergland, endlose Wälder und grüne Täler. Die tolle Aussicht genießt man am besten von den Aussichtspunkten, denn beim Fahren ist vollste Konzentration erforderlich. Die Straße ist schmal, kurvenreich und bei Regen auch etwas schlüpfrig. Am Ab-

Blick vom Midnight Dome

Verlassene Tankstelle am Top of the World Highway

zweig des Top of the World Golf Courses haben wir einen schönen Panoramablick auf Dawson City. Im Tal angekommen überqueren wir den Yukon River mit der kostenlosen Fähre, und dann rollen wir hinein, in die legendärste Stadt im Norden Kanadas.

Dawson City – the Klondike Gold Rush City

Das Erste, was in Dawson City auffällt, sind die staubigen, ungeteerten Straßen, die hölzernen Fußwege und die typische Westernarchitektur. Das ist ganz im Interesse der Stadtväter und von Parks Canada, denn man will die alte Goldgräber-Atmosphäre so gut wie möglich erhalten. So ist heute fast die gesamte Innenstadt von Dawson City zur National Historic Site erklärt. Viele der alten Holzgebäude wurden mit hohem Aufwand restauriert, andere, teilweise schon halb verfallen, sind noch im Originalzustand, was einen ganz besonderen Reiz hat. Im Visitor Reception Centre bekommt man nicht nur Infos und Karten von Dawson City, sondern mit Filmen, Dias und Ausstellungsstücken auch die richtige Einstimmung auf die Stadt. Noch anschaulichere Informationen gibt es im Dawson City Museum. Ein Spaziergang durch den historischen Distrikt von Dawson City gehört mit zu den schönsten Urlaubserlebnissen in Nordkanada. Man fühlt sich in die Zeit des Goldrush zurückversetzt.

Im Sommer sind es vorrangig Touristen, die durch die schachbrettartig angelegten Straßen bummeln, bei Klondike Kate's einen Kaffee trinken oder im Sourdough Joe's die leckeren Fish 'n' Chips probieren. Dawson City lebt heute vom Tourismus – und trotzdem spielt die Goldförderung noch eine wichtige Rolle. Es gibt immer noch Goldgräber, die in den Tälern und Flüssen nahe der Stadt nach dem begehrten Metall suchen und Tonnen von Schlamm und Geröll auswaschen, um einige Gramm Gold zu gewinnen. Am Sonnabend kommen sie von ihren Claims in die Stadt, dann wirkt Dawson City noch authentischer. In Diamond Tooth Gerties Saloon geht es dann hoch her. Bei Roulette, Poker oder Blackjack hat auch heutzutage schon mancher seinen Wochenverdienst verzockt, während auf der Bühne eine Can-Can-Show wie in der »guten alten Zeit« läuft.

Auf keinen Fall sollte man den Midnight Dome auslassen. Der 887 Meter hohe Berg liegt direkt bei der Stadt und ist über die gut ausgebaute Dome Road (Auffahrt am südlichen Stadtausgang ausgeschildert) erreichbar. Von oben hat man einen tollen Rundblick über Dawson City, den Zusammenfluss von Yukon und Klondike und die von Gold Dredges (Goldbaggern) umgewühlte Umgebung der Stadt. Der größte, jemals für die Förderung und Auswaschung goldhaltigen Ge-

Start
Tetlin Junction/Tok
104 km — 5/9
Chicken
Goldwaschen, Saloon
67 km
Grenze USA-Kanada
Panoramaaussichten — 9
106 km
Dawson City
Sehenswürdigkeiten siehe Text

steins gebaute Bagger, der Gold Dredge 4, kann im Rahmen einer Führung besichtigt werden. Der riesige Bagger war bis 1966 in Betrieb und wurde später umfassend rekonstruiert. Nur wenige Kilometer weiter erreicht man den Discovery Claim, also den Platz, wo George Carmack sein Gold aus dem Boden gewaschen hat. Hier am Bonanza Creek, früher Rabbit Creek genannt, brachte jeder Claim von 150 Metern Länge die unvorstellbare Menge von etwa 3000 Kilogramm Gold.

Nur wenige Episoden der kanadischen Geschichte haben die Fantasie so beflügelt und einen solchen Bekanntheitsgrad erreicht wie der Klondike Goldrush. Dies ist nicht zuletzt auch den Büchern von Jack London zuzuschreiben. Der Schriftsteller war 1898

Auch heute wird in den Bächen um Dawson City noch Gold gefunden.

» SPECIAL – DAWSON CITY

Die wechselvolle Geschichte der Stadt

Die Gründung von Dawson City ist mit einem Namen eng verbunden: Joseph Francis Ladue. Der französischstämmige Kanadier lebte schon einige Jahre im Yukon, als er von dem sagenhaften Goldfund am Rabbit Creek hörte. Dort hatten am 16. August 1896 George Carmack, seine indianische Frau Kate, sein Schwager Shookum Jim und dessen Neffe Tagish Charlie eine reiche Goldader entdeckt. Statt wie viele andere jetzt auch sein Glück beim Goldschürfen zu suchen, hatte er eine andere Idee. Er kaufte für die Summe von 1600 $ das Land am Zusammenfluss von Yukon und Klondike, ließ die Fläche vermessen, teilte sie in Parzellen auf und begann die Grundstücke für 5000 $ zu verkaufen. Ein Jahr später lebten in Dawson City schon 4000 Menschen, und Joseph Ladue gehörte zu den reichsten Männern der Stadt. Er hatte sich seine eigene Goldmine geschaffen.

Der Klondike Goldrush wurde aber erst ausgelöst, als die ersten reich gewordenen Goldsucher im Juli 1897 in San Francisco und in Seattle eintrafen. Der *Seattle Post-Intelligencer* erschien am 18. Juli 1897 mit der Schlagzeile »Gold! Gold! Gold! – Sixty-Eight Rich Men on the Steamer Portland«. Eine Tonne Gold hatte der Dampfer geladen. In den nächsten Wochen brachen rund 100 000 Glücksritter nach Norden auf, um über Skagway oder Dyea den Yukon zu erreichen. 30 000 von ihnen haben es bis Dawson City geschafft, aber sie mussten feststellen, dass die meisten Claims schon vergeben waren. Die Preise für Lebensmittel und Ausrüstung waren explodiert, und so war es für manche immer noch ein gutes Geschäft, ihre Ausrüstung zu verkaufen und zurückzukehren.

Dawson City war eine rasch aufstrebende Stadt, viele fanden eine Anstellung oder sie gründeten ein kleines Unternehmen. 1898 war der Höhepunkt der Bevölkerungsentwicklung erreicht. Zu diesem Zeitpunkt lebten rund 40 000 Menschen in Dawson City, die Stadt wurde Hauptstadt des neu gegründeten Yukon-Territoriums. 1899 war der Rausch schon fast wieder vorüber. Über 8000 Menschen verließen in diesem Jahr die Stadt. Das lag nicht daran, dass es kein Gold mehr gab, es war nur nicht mehr so leicht zugänglich. In den Folgejahren schrumpfte die Stadt bis zur Bedeutungslosigkeit. 1902 hatte Dawson City noch 5000 Einwohner, in den 1950er-Jahren waren es gerade mal noch 500. In dieser Zeit wurde Dawson City als Hauptstadt des Yukon durch das aufstrebende Whitehorse abgelöst. In den 1960er-Jahren kam es dann zur Wiederbelebung. Parks Canada restaurierte viele der baufälligen Holzgebäude. Der Klondike Highway ermöglichte eine unkomplizierte Anfahrt, und so entwickelte sich Dawson City zu einem touristischen Highlight in Westkanada.

Typische Holzarchitektur in Dawson City

selbst in Dawson City. Obwohl er als Goldsucher erfolglos war, hat er hier wesentliche Inspirationen für seine Erzählungen wie »Wolfsblut« und »Ruf der Wildnis« gefunden. Die Blockhütte von Jack London, die uns einen Eindruck davon vermittelt, wie die meisten Menschen damals gelebt haben, und ein kleines Museum erinnern an den großen Autor.

Für Dawson City sollte man mindestens zwei Tage einplanen. Übernachten kann man auf dem zentral im Ort gelegenen Gold Rush Campground oder auf dem großen Yukon River Government Campground am gegenüberliegenden Ufer des Yukon nahe der Fähre.

Camping am Lake Laberge

Auf dem Klondike Highway nach Whitehorse

Wir verlassen Dawson City über die Front Street und fahren weiter auf dem Klondike Highway 2 nach Süden. Die Straße folgt anfangs dem Klondike River, sie führt durch ein Sumpfgebiet und überquert zahlreiche Bach- und Flussläufe. Nach 40 Kilometern zweigt links der Dempster Highway ab. Es ist Kanadas einzige Autostrecke, die über den nördlichen Polarkreis führt. 735 Kilometer geschotterte Wildnisstraße sind es von hier bis Inuvik. Fast alle Wohnmobilvermieter verbieten jedoch das Befahren dieser Strecke ausdrücklich.

Wir bleiben auf dem geteerten Klondike Highway 2 und erreichen Stewart Crossing, hier beginnt der Silver Trail zu den historischen Silberstädten Mayo und Keno City. Bis Mayo ist die Straße noch geteert, dann geht es auf Schotter weiter nach Keno City. Bis 1989 war die Mine in Betrieb und galt als eine der ertragsreichsten Silberminen Kanadas. Heute ist die Stadt, bis auf einige Pensionäre, Aussteiger und Künstler, fast verlassen. Das Keno City Mining Museum zeigt die Geschichte des Bergbaus in der Region.

Wieder auf dem Klondike Highway fahren wir bis Pelly Crossing und überqueren den Pelly River. Der kleine Ort war Versorgungsstation für den Bau des Klondike Highway und bis zur Fertigstellung der Brücke im Jahr 1959 auch Fährstation. Heute leben hier hauptsächlich Indians der Selkirk First Nations. Ihre Geschichte und Traditionen kann man im Big Jonathan House erkunden. Werke lokaler Künstler, Kleidung, Alltagsgegenstände sowie Jagd- und Fischfanggeräte sind ausgestellt.

80 Kilometer hinter Pelly Crossing fahren wir rechts ab auf den gut ausgeschilderten Parkplatz und Aussichtspunkt der Five Finger Rapids. Hier wird der Yukon durch Felsinseln in fünf Kanäle geteilt. Die berüchtigten Stromschnellen sehen von oben gar nicht sehr gefährlich aus. Vielleicht war das auch der Grund, dass zahlreiche Glücksritter hier ihre gesamte Ausrüstung und einige ihr Leben verloren haben. Nur der ganz rechte Ka-

Yukon River am North Klondike Highway

Dawson City
Sehenswürdigkeiten siehe Text
178 km
Stewart Crossing
Mayo/ Keno City 50/110 km Silver Trail
Keno City Mining Museum
Pelly Crossing
Big Jonathan House, Five Finger Rapids, Yukon River
177 km
Carmacks
Breaburn Lake, Lake Laberge
Takhini Hot Springs 10 km Takhini Hot Springs Rd.
175 km
Whitehorse
Robinsons Roadhouse, Emerald Lake Carcross Desert
2

nal ist relativ ungefährlich, wenn er in der Mitte befahren wird. Auch die großen Yukon-Schaufelraddampfer mussten hier durch. Stromaufwärts ging es nur mit Seilwinden.

20 Kilometer weiter liegt Carmacks am Ufer des Yukon River. Der Ort wurde nach dem Goldsucher George Carmack benannt. Zurzeit der Yukon-Schifffahrt war hier ein wichtiger Anlegeplatz für die Dampfschiffe zwischen Whitehorse und Dawson City. Heute ist Carmacks eine moderne Gemeinde, die sich ihrer Traditionen bewusst ist. Für eine Rast ist die Braeburn Lodge gut geeignet. Sie liegt 75 Kilometer südlich von Carmacks am Braeburn Lake, gegenüber der Landepiste. Hier gibt es die berühmten riesigen Cinnamon Buns (Zimtschnecken).

Gut gestärkt nehmen wir die letzten Kilometer bis zum Lake Laberge unter die Räder. Der 50 Kilometer lange See ist eine Erweiterung des Yukon River zum See. Der Lake Laberge Government Campground ist der ideale Platz für eine Übernachtung. Nördlich von Whitehorse trifft der Klondike Highway auf den Alaska Highway. Sechs Kilometer vor dieser Kreuzung zweigt rechts eine Stichstraße vom Klondike Highway zu den Takhini Hot Springs ab. Nach zehn Kilometern erreicht man den heißen Pool. An kühlen Tagen eine Wohltat. Zu den Hot Springs gehört auch ein Campingplatz (weitere Übernachtungsplätze siehe Tour 3 unter Whitehorse).

Von Whitehorse nach Skagway (Alaska)

Wir umfahren Whitehorse auf dem Alaska Highway und fahren südwärts in Richtung Watson Lake. Nach wenigen Kilometern nehmen wir den Abzweig des Klondike Highway Süd nach Skagway. Die nun folgenden 160 Kilometer bis zum Taiya Inlet gehören nicht nur zu den schönsten Strecken im Norden Kana-

An den berüchtigten Five Finger Rapids haben 1898 viele Glücksritter ihre ganze Ausrüstung verloren, manche sogar ihr Leben.

Malerisch liegt der Emerald Lake am South Klondike Highway.

das, sondern auch zu den geschichtsträchtigsten. Nach 18 Kilometern erreichen wir Robinsons Roadhouse, eine ehemalige Raststätte und Versorgungsstation der White Pass and Yukon Railway. Heute stehen nur noch die halb verfallenen Blockhäuser neben dem zugewucherten Schienenstrang und bilden ein nettes Fotomotiv.

Wir durchqueren jetzt ein Gebiet mit dichten Wäldern und vielen Seen, der schönste von allen ist der Emerald Lake (Smaragdsee), an dessen Ufer der Highway verläuft. Ein Parkplatz oberhalb des Sees lädt zum Fotostopp ein. Von der Anhöhe auf der gegenüberliegenden Seite des Parkplatzes hat man den besten Überblick. Der See liegt eingebettet zwischen Wäldern und Bergen und besticht durch sein türkisfarben leuchtendes Wasser. Der Grund für diese Färbung sind feinste Kalksteinsedimente im Wasser, in denen sich das Licht bricht.

Zehn Kilometer weiter liegt die Carcross Desert, die kleinste Wüste der Welt, wie man hier stolz berichtet. Die Dünen entstanden aus den sandigen Sedimenten eines Eiszeitsees, und der hier vorherrschende starke Wind ließ kaum Vegetation zu. Im Visitor Centre von Carcross, dem einzigen Ort auf der Strecke bis Skagway, kann man sich über die kleine Wüste, aber auch über den heute eher verschlafen wirkenden Westernort selbst und seine Historie umfassend informieren. Carcross ist die Kurzform der früheren Bezeichnung Caribou Crossing. Die nahe beim Ort gelegene Landzunge zwischen zwei Seen wurde von den Karibuherden auf ihren Wanderungen gekreuzt. Für die Indians ein idealer Platz, um zu jagen. Während des Goldrausches war Carcross ein Zwischenposten auf dem Weg nach Dawson City. Am 29. Juli 1900 wurde die White Pass Railway in Carcross mit einem Festakt in Betrieb genommen. Der Ort war in den Folgejahren die wichtigste Station der Bahnlinie zwischen Skagway und Whitehorse. Von diesem Aufschwung zeugen noch heute das alte Caribou-Hotel und der restaurierte Bahnhof, in dem sich die Visitor Information

Whitehorse
Robinsons Roadhouse,
Emerald Lake
Carcross Desert
2
72 km
Carcross
Caribou-Hotel, Matthew Watson's General Store
Lake Tagish, Lake Tutshi, Summit Lake
White Pass, White Pass & Yukon Railway
Grenze Kanada-USA

befindet. Im Matthew Watson's General Store gegenüber vom Bahnhof scheint die Zeit stehen geblieben zu sein. Alles sieht fast noch so aus wie vor 100 Jahren. Das muss man gesehen haben!

Kurz nach dem Ort überqueren wir den Natasaheenie River. Der kleine Fluss verbindet den Lake Bennett mit dem Lake Tagish. Im Frühjahr 1898 wurden an den Ufern dieser Seen sowie auch am südlicher gelegenen Lake Lindeman die Boote gebaut, mit denen die Glücksritter dann ihre gefährliche Reise nach Whitehorse und nach Dawson City fortsetzten.

Der Klondike Highway verläuft jetzt immer am westlichen Ufer des Lake Tagish bis zum Windy Arm, dem südlichsten Zipfel dieses Sees. Am Ufer sehen wir stillgelegte Anlagen des Gold- und Silberbergbaus. Wir überqueren die Provinzgrenze zwischen dem Yukon und British Columbia. Am tiefblauen Lake Tutshi, den wir als Nächstes erreichen, haben wir wieder ein traumhaftes Bergsee-Panorama vor uns. Danach rollen wir durch dichte Wälder bis zum kanadischen Grenzposten bei Fraser. Die Schmalspurtrasse der White Pass & Yukon Railway verläuft jetzt parallel zum Highway am gegenüberliegenden Ufer des lang gestreckten Summit Lake und des Skagway River. Die Bahntrasse scheint regelrecht an dem Berghang zu kleben – welch eine technische Meisterleistung.

Am White Pass verläuft die Grenze zu Alaska.

Stillgelegte Anlagen des Gold- und Silberbergbaus am Tagish Lake

Wir erreichen den White Pass (873 m). Dieser Pass war für die Goldsucher von 1897 eine weniger steile, dafür aber längere Alternativstrecke zum Chilkoot Pass. Mit Pferden und Mauleseln wollte man den White Pass bezwingen. Über 3000 Transporttiere sollen dabei verendet sein. Der Pass wurde dann im Volksmund Dead Horse Pass (Pass der toten Pferde) genannt. Hier oben war auch eine Kontrollstelle der kanadischen Mounties, die jeden Goldsucher auf die Einhaltung der vorgeschriebenen Tonne Ausrüstung und Lebensmittel (Ton of Goods) kontrollierten. Dies war im Interesse der Goldsucher und sicherte ihnen das Überleben, denn Nahrungsmittel waren im Yukon extrem teuer.

13 Kilometer talwärts befindet sich die US-Grenzabfertigung. Die Grenzstation ist im Sommer rund um die Uhr geöffnet. Ab hier gilt die Alaska Time, die Uhr muss eine Stunde zurückgestellt werden.

» HISTORISCHES

Die Gangsterlegende »Soapy« Smith
Der Ruf Skagways als eine gesetzlose Stadt zog nicht nur windige Geschäftemacher, sondern auch Betrüger und Kriminelle an. Der bekannteste war wohl Jefferson Randolph Smith, auch »Soapy« Smith genannt. Er tarnte sich als Bürgervertreter und großzügiger Wohltäter, um von seinen kriminellen Machenschaften als Gangsterboss abzulenken. Am 8. Juli 1898 forderte ihn der Landvermesser Frank H. Reid zum Duell, beide überlebten den Kampf nicht. Ihre Gräber können auf dem Gold Rush Cemetery, zwei Kilometer nördlich vom Stadtzentrum, besichtigt werden.

Auf den letzten Kilometern bis Skagway eröffnen sich uns herrliche Panoramaaussichten auf das Tal des Skagway River mit den umliegenden Bergen und auf die Stadt. Skagway

Ein Sightseeing-Flug über die vergletscherten Gipfel des Glacier Bay Nationalparks ist ein unvergessliches Erlebnis.

liegt absolut idyllisch am Taiya Inlet, dem Nordzipfel des Lynn Canal. Schon wegen dieses Panoramas lohnt sich die Fahrt bis hierher.

Skagway – das Tor zum Reichtum?

Skagway ist wie das benachbarte Dyea erst während des Goldrushs 1897 entstanden. Bis dahin lebte nur Captain William Moore mit seinem Sohn in dieser Bucht. Moore träumte von einem Hafen mit Eisenbahnanbindung und einer Bahntrasse über den Pass. Die neu entstehende Stadt wollte er Mooresville nennen. Als dann im Juli 1897 der Goldrush ausbrach und die Goldsucher zu Tausenden in der Bucht ankamen, wurde William Moore von den Ereignissen regelrecht überrannt. Die Stadt wurde praktisch über Nacht aus dem Boden gestampft. Moore blieb nur noch die Rolle eines Beobachters der dynamischen Entwicklung. Selbst sein vorgesehener Ortsname wurde von den Goldsuchern abgelehnt, stattdessen wurde die alte Tlingit-Bezeichnung Skaguay (später Skagway) für den Ort verwendet.

Innerhalb weniger Wochen zogen mehr als 40 000 Goldsucher auf ihrem Weg in den Yukon durch die Stadt. Viele kapitulierten vor der schwierigen Überwindung des White- oder Chilkoot-Passes und siedelten sich in Skagway an. Die ankommenden Glücksritter brauchten Lebensmittel und Ausrüstung, viele von ihnen auch Vergnügung und Unterhaltung, und so säumten innerhalb weniger Wochen Geschäfte, Büros und Saloons die schlammigen Straßen von Skagway.

Vom Gangstermythos des »Soapy« Smith profitiert Skagway noch heute. In der »The Days of '98« Show wird der historische Schusswechsel zum Höhepunkt. Seit 1923 läuft diese Westernshow in der Eagles Hall, die Einheimischen sprechen von der »am längsten laufenden Broadway-Show«. Tatsächlich liegt die Eagles Hall am Broadway, wie die Hauptstraße in Skagway heißt. Die meisten Häuser am

Links: Weißkopfseeadler im Alaska Chilkat Bald Eagle Preserve

Rechts: Staatsgrenze am Haines Highway

Extreme Temperaturen sind typische für das Yukon Territorium.

Broadway sind liebevoll restauriert oder erhielten neue Fassaden im historischen Stil. Sie stehen wie die meisten Gebäude im Historic District als Teil des Klondike Gold Rush National Historical Park unter Denkmalschutz.

Ähnlich wie Dawson City musste auch Skagway nach dem Ende des Goldrush einen massiven Einwohnerrückgang verkraften. Nur der Hafen und die Eisenbahnverbindung nach Whitehorse sicherten der Stadt das Überleben. Heute leben die knapp 1000 Einwohner der Stadt fast ausschließlich vom Tourismus. Mit dem Bau des Klondike Highway wurde 1978 eine bequeme Anbindung an den Alaska Highway geschaffen. Die meisten Touristen kommen jedoch mit den riesigen Kreuzfahrtschiffen, von denen zeitweise gleich mehrere im Hafen liegen. Die Stadt ist dann von Touristen regelrecht überlaufen, und man sehnt sich nach der Ruhe, die erst am Abend einzieht, wenn die Kreuzfahrer wieder auf ihren Schiffen sind. Dann spürt man den Reiz, der von dieser Stadt ausgeht, noch deutlicher. Im Red Onion Saloon kann man den Tag stilecht ausklingen lassen. Der 1887 erbaute Saloon war in der Zeit des Goldrush auch das beliebteste Bordell in Skagway. Das kleine Museum im ersten Stock erzählt die Geschichte des Hauses, seiner Bewohner und Gäste.

Panoramahighway in Alaska

Nur wenige Kilometer von Skagway entfernt lag Dyea, früher eine fast ebenso große Goldrush City wie Skagway. Sie war der Ausgangspunkt für den Chilkoot Trail. Der Weg über den Chilkoot Pass war steiler und anstrengender als über den White Pass, dafür aber etwas kürzer und weniger gefährlich. Um die Ausrüstung für ein Jahr über den Pass zu tragen, mussten die Goldsucher den 53 Kilometer langen Weg bis zum Lake Bennett bis zu 20-mal gehen. Die Bilder der endlosen Menschenkolonnen auf dem Weg zum Pass sind berühmt geworden. Heute ist von Dyea nicht mehr viel zu sehen. Aber der Chilkoot Trail reizt jedes Jahr Hunderte Wanderer, es den Stampedern von 1897/98 gleichzutun und den beschwerlichen Weg über den Pass anzutreten. Dafür ist ein Permit erforderlich. Ein kurzer Tagestrip geht ab Dyea aber auch ohne Permit.

Übernachten kann man dann gleich auf dem staatlichen Dyea Campground, jedoch ohne Komfort. Als Alternative bietet sich der Pullen Creek RV Park in Skagway an, der direkt beim Anleger der Alaska-Marine-Highway-Fähren liegt.

Zur Weiterfahrt nehmen wir die Fähre nach Haines. Eine Reservierung ist möglich, meist jedoch nicht erforderlich. Die Fahrt über den Lynn Canal dauert ca. eine Stunde. (Kosten ca. 120 $ für Wohnmobil und zwei Personen)

Auf dem Haines Highway

Schon auf der Fähre fasziniert uns der Anblick von Haines, umgeben von den majestätisch aufragenden, schneebedeckten Bergen der Chilkat Mountain Range. Der Ort ist wesentlich ruhiger und touristisch nicht so überlaufen wie Skagway, seine Lage ist aber mindestens ebenso schön. Vom Fähranleger führt die Lutak Road entlang dem Lutak Inlet nach Norden zur Chilkoot Lake State Recreation Site bzw. nach Süden ins Zentrum der kleinen verschlafenen Stadt.

Hauptattraktion in Haines ist das Fort Williams H. Seward, der erste und lange Zeit auch einzige dauerhafte Militärposten der US-Army in Alaska. 1978 wurde das Fort in ein National Historic Landmark umgewandelt und umgebaut. Heute befinden sich in dem gut erhaltenen weitläufigen Gebäudekomplex unter anderem Wohnhäuser, ein Hotel, eine indianische Schnitzwerkstatt und das Chilkat Center of the Arts. Hier finden Aufführungen der Chilkat Dancers statt, die in ihren traditionellen farbenprächtigen Kostümen die Legenden der Tlingit erzählen. Auf dem Paradeplatz des Fort steht das Totem Village Tribal House, es ist der Nachbau eines indianischen Hauses aus dem 19. Jahrhundert. Noch mehr indianische Kultur gibt es im Sheldon Museum and Cultural Center zu bestaunen.

Im Süden der weit in den Lynn Canal hineinreichenden Landzunge, zwischen dem Chilkat- und dem Chilkoot Inlet, liegt der Chilkat State Park mit Campingplatz. Der Park ist über die Mud Bay Road zu erreichen, wobei schon die Fahrt auf dieser Panoramastraße bleibende Eindrücke hinterlässt. Noch bessere Ausblicke auf die Rainbow- und Davidsongletscher und das davorliegende Chilkat Inlet bietet der Mount Riley Trail. Der Trail führt über 4,5 Kilometer bis auf 536 Meter Höhe.

Grenze Kanada-USA
104 km
Skagway
Klondike Gold Rush Nat. Historic Park
Chilkoot Trail
13 km
Dyea Road
Fähre - 1 Std.
Haines

Hafen von Haines

Haines
Fort Williams
H. Seward
Chilkat
State Park
14 km
Mud Bay Road
7
Chilkat Bald
Eagle Preserve
64 km
Grenze
USA-Kanada
Million Dollar Falls
Klukshu Village
Kluane NP
Kathleen Lake
3
174 km
Haines Junction
155 km
1
Whitehorse
Ziel

Seinen Startpunkt an der Mud Bay Road (ca. 5 km hinter Haines) passiert man auf dem Weg zum Chilkat State Park.

Haines bietet sich auch für einen Flug in den Glacier Bay National Park an. Bei gutem Wetter ist dies ein einmaliges Erlebnis. Der Haines-Landeplatz liegt vier Kilometer nordwestlich der Stadt am Haines Highway. Die Preise beginnen bei 160 $ pro Person für einen einstündigen Flug, zum Beispiel mit Mountain Flying.

Wir verlassen Haines auf dem Haines Highway, der weitestgehend dem Verlauf des alten Dalton Trail folgt. Frank Dalton hatte um 1890 einen alten Handelspfad der Chilkat-Indianer so weit ausgebaut, dass er für Packpferde geeignet war. Für die Benutzung kassierte er die damals hohe Summe von 150 $. Viele Goldsucher konnten sich das nicht leisten und zogen den mühsameren, aber billigeren Weg über den Chilkoot- oder den Whitepass vor. Mit der Fertigstellung der Eisenbahnlinie von Skagway nach Whitehorse verlor der Dalton Trail seine Bedeutung. Erst 1943 wurde er durch die US-Armee als wichtige strategische Verbindung zwischen dem Hafen in Haines und dem Alaska Highway als Schotterstraße ausgebaut. Heute gehört der 240 Kilometer lange und durchgehend asphaltierte Haines Highway mit zu den schönsten Panoramastraßen im Nordwesten Kanadas.

Schon kurz hinter Haines passieren wir das Alaska Chilkat Bald Eagle Preserve, ein Schutzgebiet der Weißkopfseeadler. Zwischen den Meilen 18 und 24 (Kilometer 29 bis 39) des Haines Highway lassen sich die mächtigen Vögel besonders gut beobachten. Die beste Zeit für die Adlerbeobachtung ist ab August, dann sind die durch ihre lange Wan-

Einsamer See im Yukon Territorium

derung geschwächten Lachse für sie eine leichte Beute. Eine halbe Stunde später sind wir am Grenzübergang angekommen. Wir vergessen nicht, unsere Uhr eine Stunde vorzustellen, denn ab hier gilt wieder die Pacific Time.

Auf den nächsten 74 Kilometern durch British Columbia erleben wir eine grandiose Hochgebirgslandschaft. Der anfangs noch vorherrschende Wald weicht am Chilkoot-Pass einer baumlosen Hochebene und gibt den Blick frei auf die vergletscherten Takhinsha Mountains. Am Highway gibt es mehrere Aussichtspunkte und Trailheads. Nicht versäumen sollte man den kurzen Trail zu den Million Dollar Falls. Er beginnt am Million Dollar Falls Yukon Government Campground und erreicht nach 800 Metern die eindrucksvollen Wasserfälle.

Wieder zurück auf dem Highway kommt als nächster markanter Punkt der Abzweig zum Indianerdorf Klukshu Village. Ab hier verläuft die Straße bis nach Haines Junction an der östlichen Grenze des Kluane National Parks (siehe auch Tour 3). Wir passieren den Dezadeash Lake und erreichen wenig später am Kathleen Lake den einzigen mit dem Auto zugänglichen Campingplatz im Kluane National Park. Auch wenn man hier nicht übernachten will, lohnt sich ein Abstecher zum See. Eine schöne Day Use Area steht zur Verfügung, und auf dem bequemen holzbeplankten Kokanee Trail kann man sich etwas die Beine vertreten.

Vom Kathleen Lake sind es jetzt noch 26 Kilometer bis nach Haines Junction am Alaska Highway. Dort biegen wir rechts ab und fahren nach Whitehorse. Hier endet unsere Goldrush-Tour. Die Sehenswürdigkeiten und Campingmöglichkeiten von Whitehorse sind in Tour 3 beschrieben.

In Whitehorse endet unsere Tour.

» PRAKTISCHE HINWEISE

TOURISTINFORMATIONEN

Tok

Mainstreet Visitor Center, Alaska Highway/Center Street, Tok
www.tokalaskainfo.com/

Dawson City

Visitor Reception Centre, Front Street/King Street, Dawson City
www.dawsoncity.ca

Carcross

Visitor Information Centre, Train Station, Carcross
www.southernlakesyukon.com/carcross.html

MUSEEN/ATTRAKTIONEN

Dawson City

Gold Dredge 4: Bonanza Creek Road, südl. der Stadt, nach der Klondike-Brücke, 12 km Gravel, *www.pc.gc.ca/lhn-nhs/yt/klondike/edu/info-fact_dn4.aspx*
Aufwändig restaurierter Goldbagger von 1912. Technisches Denkmal.

Diamond Tooth Gerties Saloon: 4th Street/Queen Street, Dawson City, *www.dawsoncity.ca/klondikeattractions/diamondtoothgerties*
Spielcasino und Westernsaloon mit Musik und Can-Can Shows.

Jack London Museum: 8th Ave/Firth Street, Dawson City, *www.dawsoncity.ca/klondikeattractions/jacklondonmuseum*
Kleines Museum mit alten Fotos und Dokumenten, daneben Jack Londons Blockhaus.

Dawson City Museum: 595 5th Avenue, Dawson City, *www.dawsonmuseum.ca*
Umfangreiche Ausstellung von Originaldokumenten und -gegenständen, Fotos und Videos zur Geschichte von Dawson.

Keno City

Keno City Mining Museum: End of the Silver Trail, Main Street, Keno City,
www.yukonmuseums.ca/museum/keno/keno.html
Ausführliche Darstellungen der 100-jährigen Geschichte der Gold- und Silberminen in der Region.

Historischer Brauereiwagen in Dawson City

Pelly Crossing

Big Jonathan House: Alaska Highway, direkt nach der Brücke links, neben dem Selkirk Grocery Store,
www.yukonmuseums.ca/cultural/jonathan/jonathan.html
Exposition von Kunst und Handwerk der Selkirk First Nations mit Verkauf von Kunsthandwerk.

Skagway

Red Onion Saloon: 205 Broadway, Skagway,
www.redonion1898.com
Saloon und ehemaliges Bordell von 1897. Im Obergeschoss kann man die Zimmer der früheren »Bewohnerinnen« besichtigen.

Haines

Sheldon Museum and Cultural Center: 11 Main Street, Haines, *www.sheldonmuseum.org*
Das Museum zeigt Kunsthandwerk und die Siedlungsgeschichte der Tlingit-Indianer.

Mountain Flying: 132 2nd Avenue, Haines,
www.mountainflyingservice.com
Charterfirma für Rundflüge über die vergletscherten Gipfel des Glacier Bay Nationalparks. Eine Zwischenlandung auf einem Gletscher ist möglich.

CAMPING

(bei einigen Campingplätzen stehen die GPS-Daten für die ausgeschilderte Zufahrt ab Highway)

Chicken (Alaska)

Chicken Gold Camp & Outpost Campground,
www.chickengold.com
Airport Road, Chicken/25 Stellplätze, ab 28 $/N 64° 4' 11.8" W 141° 56' 29.9"
Schön gelegener Campingplatz im kleinen Goldsuchernest Chicken. Stellplätze mit Stromanschluss sowie Duschen, Dumpingstation, WiFi und Feuerholz (teils gegen Extragebühr) verfügbar. Goldwaschen und die Besichtigung des Pedro Gold Dredge (Goldbagger) werden angeboten. Die Westernatmosphäre gibt es als kostenlose Zugabe.

Dawson City

Gold Rush Campground, *www.goldrushcampground.com*
York Street/Fifth Avenue, Dawson/83 Stellplätze, 36-43 $/N 64° 3' 46.4" W 139° 25' 36.7"
Mitten in Dawson City gelegen, Full Hook-up und üblicher Komfort vorhanden. Kein Grün, Stellplätze auf Schotter. Duschen gegen Gebühr.

Yukon River Government Campground, *www.campscout.com/campground/YT0053*
94 Stellplätze, 12 $/N 64° 4' 20.7" W 139° 26' 16.6"
Schöner Government Campground mit großzügigen Stellplätzen in grüner Lage, aber ohne Service. Der Platz liegt am gegenüberliegenden Ufer des Yukon, direkt bei der kostenlosen Fähre. Empfehlenswerte Alternative zum City-

Campingplatz. Ein kurzer Spaziergang führt zum Sternwheeler-Graveyard (Schiffsfriedhof).

Whitehorse

Lake Laberge Government Campground,
www.campscout.com/campground/YT0018
16 Stellplätze, 12 $/N 61° 4' 51.8" W 135° 14' 28.8"
Sehr schön am Ufer des Lake Laberge gelegener Campingplatz, kein Service. Nur wenige Kilometer nördlich von Whitehorse.

Takhini Hot Springs Campground,
www.yukoncampground.com
45 Stellplätze, 32–37 $/N 60° 52' 42.6" W 135° 21' 29.6"
Der Campingplatz liegt direkt neben den Hot Springs, nördlich von Whitehorse. Für eine Übernachtung nach dem Besuch des Thermalbades gut geeignet. Stellplätze mit Stromanschluss, zentrale Dumpingstation.

Skagway

Dyea Campground,
www.nps.gov/klgo/planyourvisit/campgrounds.htm
22 Stellplätze, 10 $/N 59° 30' 20.3" W 135° 20'49.9"
Kleiner Campingplatz ohne jeglichen Komfort bei der ehemaligen Goldsucherstadt Dyea, nur wenige Kilometer von Skagway entfernt. Der Platz eignet sich hervorragend als Ausgangspunkt für eine Tageswanderung auf dem historischen Chilkoot Trail.

Pullen Creek RV Park, *www.pullencreekrv.com*
46 Stellplätze, 38 $/N 59° 27' 5.0" W 135° 18' 57.2"
Komfortplatz, direkt beim Anleger der Alaska Marine Highway-Fähren. Auf einer kleinen Halbinsel gelegen. Stellplätze mit Strom- und Wasseranschluss, Duschen, Dumpingstation, WiFi verfügbar. Nur wenige Gehminuten von der Innenstadt entfernt.

Haines

Chilkoot Lake State Recreation Site,
www.dnr.alaska.gov/parks/aspunits/southeast/chilkootlksrs.htm
32 Stellplätze, 10 $/N 59° 20' 8.6" W 135° 33' 40.3"
Schön gelegener Campingplatz für die erste Übernachtung nach der Fährüberfahrt, einfache Ausstattung, kein Service. Direkt am Chilkoot Lake gelegen. Anfahrt vom Fährableger nordwärts über die Lutak Road.

Chilkat State Park Campground,
www.dnr.alaska.gov/parks/aspunits/southeast/chilkatsp.htm
35 Stellplätze, 10 $/N 59° 8' 29.1" W 135° 21' 38.9"
Einfacher Campingplatz im Chilkat State Park, südlich von Haines. Einfache Ausstattung, kein Service. Schon die Anfahrt zum State Park über die Mud Bay Road bietet unvergessliche Panoramaausblicke über das Chilkat Inlet. Schöne Wandermöglichkeiten im State Park.

Klukshu Village

Million Dollar Falls Yukon Government Campground,
www.campscout.com/campground/YT0030
22 Stellplätze, 12 $/N 60° 6' 36.7" W 136° 55' 31.3"

Ausblick vom Top of the World Highway

Einfacher Government Campingplatz in einsamer Natur, nahe den Million Dollar Falls gelegen (Fußweg 800 m). Kein Service.

Kluane National Park

Kathleen Lake Campground,
www.pc.gc.ca/pn-np/yt/kluane/visit/visit2/visit2b.aspx
39 Stellplätze, 15,70 $/N 60° 35' 0.0" W 137° 12'34.7"
Einziger mit Auto zugänglicher Campingplatz im Kluane Nationalpark. Wunderschön am Kathleen Lake gelegen. Einfache Ausstattung, kein Service. Day Use Area und Parkplätze direkt am Seeufer. Hier beginnen auch der 500 Meter lange Kokanee- Trail (Holzplankenweg) und weitere Wanderwege mit unterschiedlichen Schwierigkeitsgraden.

Internetadressen

Yukon Government Campgrounds (download)
www.env.gov.yk.ca/publications-maps/documents/campground-brochure-map-2012-13.pdf

Yukon RV Dump Stations (download)
www.env.gov.yk.ca/publications-maps/documents/rv_dumpstations2012.pdf

Straßenzustand des Taylor- und des Top of the World Highway
http://511.alaska.gov

Infos zur Geschichte Kanadas (u.a. Klondike Goldrush)
www.canadahistoryproject.ca/1890s/index.html

Can-Can Show in Dawson City

REISEINFORMATIONEN VON A BIS Z

Alkohol

Alkoholische Getränke werden in Kanada ausschließlich in staatlichen Liquor Stores verkauft, sie sind erheblich teurer als in Europa. Gaststätten dürfen Alkohol nur ausschenken, wenn sie eine staatliche Genehmigung (fully licensed) dafür besitzen. Das Trinken von Alkohol in der Öffentlichkeit ist verboten. Der Stellplatz auf dem Campingplatz ist normalerweise davon ausgenommen. Es gibt jedoch auch »alkoholfreie« Campingplätze. Man sollte dies respektieren. In Alaska gelten ähnliche Vorschriften für den Alkoholkonsum in der Öffentlichkeit wie in Kanada. Die Altersgrenzen für den Genuss von Alkohol liegen in British Columbia bei 19, in den übrigen Provinzen bei 18 und in Alaska bei 21 Jahren.

Angeln

Kanada und Alaska gelten als Eldorado für Angler. Unzählige Seen und Flüsse laden mit ihrem großen Fischreichtum zum Angeln ein. Trotz der Weite des Landes und der Einsamkeit, vor allem im Norden, sollte niemals ohne Genehmigung geangelt werden. Fischaufseher überwachen die Gewässer mit modernster Technik und verhängen hohe Strafen. Eine Angellizenz kauft man sich am besten vor Ort in Angelgeschäften, Lodges oder bei den Touristinformationen. Dort bekommt man auch alle notwendigen Informationen zu Schonzeiten, Angelmethoden und regionalen Einschränkungen.

Automobilclubs

Die Mitgliedschaft in einem europäischen Automobilclub bringt auch in Kanada und den USA Vorteile. Neben dem Rabatt auf einigen Campingplätzen stellen der kanadische CAA und der AAA in Alaska kostenloses Informationsmaterial, Karten und Tourbooks zur Verfügung. In allen größeren Städten von British Columbia sowie in Anchorage und Fairbanks gibt es Geschäftsstellen der Automobilclubs.

Einkaufen

Das Reisen im Wohnmobil erfordert eine weitestgehende Selbstversorgung. Die Möglichkeiten dafür sind in Kanada und Alaska hervorragend. In allen größeren Städten gibt es riesige Supermärkte mit langen Öffnungszeiten (auch am Sonntag), großen Parkplätzen und einem Angebot, welches keine Wünsche offen lässt. Hier kann man sich ausreichend mit Lebensmitteln eindecken. Wohnmobile haben genügend Stauraum und große Kühlschränke, sodass man dann schon einige Tage ohne Einkauf auskommt. Das Preisniveau liegt in Kanada etwas höher als in Deutschland. Besonders Obst und Gemüse sind teurer. In Vancouver, Victoria und Anchorage gibt es gewaltige Shopping Malls. Indianisches Kunsthandwerk und Lederwaren werden gern gekauft. Leider sind die Parkplätze der innerstädtischen Shopping Malls nicht für Wohnmobile geeignet.

Einreise

Die Einreise nach Kanada ist unproblematisch. Es ist kein Visum erforderlich. Der Aufenthalt wird maximal für

Dumpingstation für Frisch- und Abwasser

Baustelle am Alaska Highway

Wanderung auf dem Juan de Fuca Marine Trail

sechs Monate genehmigt. Der Reisepass sollte also noch sechs Monate gültig sein. Bei der Einreise nach Alaska sind die besonderen Bestimmungen des »Secure Flight«-Programms zu beachten. Dazu zählt auch die elektronische Einreiseerlaubnis ESTA (Electronic System for Travel Authorization), die über das Internet oder durch den Reiseveranstalter beantragt wird. Oftmals erkundigt sich der Grenzbeamte nach dem Zweck der Reise und dem Aufenthaltsort. Es genügt, wenn die Adresse des Wohnmobilvermieters oder die Anschrift des ersten Hotels oder Campingplatzes angegeben wird. Bei der Einreise auf dem Landweg ist die elektronische Einreiseerlaubnis nicht erforderlich. Die visafreie Einreise (Visa Waiver Programm bis 90 Tage) nach Alaska ist nur mit einem bordeauxroten, maschinenlesbaren Reisepass mit noch mindestens drei Monaten Gültigkeit möglich. Die aktuellsten Einreisebestimmungen nach Kanada und in die USA kann man auf der Internetseite des Auswärtigen Amtes www.auswaertiges-amt.de nachlesen.

Elektrizität

Das Stromnetz in Kanada und Alaska wird mit 110 Volt Spannung und einer Netzfrequenz von 60 Hertz betrieben. Die persönlichen Elektrogeräte müssen also von 220 auf 110 Volt umschaltbar sein oder mit beiden Spannungen arbeiten können. Letzteres trifft auf moderne Netzadapter für Notebooks oder Mobiltelefone zu, es muss aber auf dem Netzteil extra vermerkt sein. Theoretisch wäre auch ein Spannungswandler möglich. Zusätzlich benötigt man noch einen Reiseadapter für nordamerikanische Steckdosen.

Feiertage

An Feiertagen bleiben viele Behörden und öffentliche Einrichtungen geschlossen. Die großen Supermärkte haben meist geöffnet, teilweise mit geänderten Öffnungszeiten. Da einige Feiertage auf einen Montag fallen, ist an diesen Wochenenden mit einem starken regionalen Reiseverkehr zu rechnen. Das betrifft vor allem die Auslastung der Campingplätze und die Anzahl der Besucher in den National-, Provinz- und Stateparks. An vielen Feiertagen finden sehenswerte Paraden, Umzüge und Volksfeste statt. Infos erteilen die Visitor Center.

Feiertage (Sommersaison):

Victoria Day – vorletzter Montag im Mai (Kanada)
Memorial Day – letzter Montag im Mai (Alaska)
Canada Day – 1. Juli (Kanada)
Independence Day – 4. Juli (Alaska)
Heritage/BC Day – 1. Montag im August (Alberta/British Columbia)
Discovery Day – 3. Montag im August (Yukon)
Labour Day – 1. Montag im September (Kanada/Alaska)

Führerschein

Zwischen Kanada und Deutschland besteht eine Vereinbarung darüber, dass der nationale deutsche Führerschein in Kanada für mindestens drei Monate anerkannt wird, in British Columbia sogar für sechs Monate. Manche Mietwagenfirmen verlangen trotzdem zusätzlich den internationalen Führerschein. Dies muss im Vorfeld mit dem Vermieter abgeklärt werden. In den USA ist lt. ADAC der internationale Führerschein Pflicht.

Geld und Kreditkarten

Wer sich schon vor der Reise einige Dollars besorgt, liegt sicher nicht falsch. Am Ankunftsort kann man an jedem Geldautomaten mit Kreditkarte und PIN Bargeld abheben. Dabei sind die Gebühren der Banken zu beachten. Einige Banken in Deutschland bieten den kostenfreien weltweiten Einsatz ihrer Kreditkarten an. Bargeld hat in

Walbeobachtung an der Westküste Vancouver Islands

Begegnung mit einem Schwarzbär

Nordamerika weniger Bedeutung als in Deutschland. Fast überall kann man mit Kreditkarte bezahlen. Für die Anmietung eines Autos oder die Buchung eines Hotelzimmers ist die Vorlage einer Kreditkarte zwingend erforderlich. Am weitesten verbreitet sind Visa, Mastercard und American Express. EC-Karten mit dem Maestro-Symbol werden an einigen ATM (Geldautomaten) akzeptiert. Travellerschecks sind eine gute Ergänzung zum Plastikgeld. Euros werden nicht akzeptiert, können aber in Banken und Hotels umgetauscht werden.

GPS

Die Benutzung eines GPS-Gerätes ist natürlich nicht zwingend erforderlich, es erleichtert jedoch die Reise ungemein. Nicht nur in den großen Städten wie Vancouver oder Anchorage, sondern auch auf den einsamen Highways hilft das kleine Gerät die Reiseentfernungen und Tagesetappen besser zu planen und das Ziel zu finden. Für die komfortable Nutzung der Adressangaben und GPS-Daten ist ein Navigationssystem mit einer Nordamerikakarte erforderlich. Wenn nicht vorhanden, kann man diese Karte nachträglich erwerben und auf ein vorhandenes Gerät aufspielen. Eventuell ist es jedoch preisgünstiger, ein einfaches GPS-Gerät zu Beginn des Urlaubs in Kanada oder Alaska zu kaufen. Wichtig ist, dass nicht nur Adressen, sondern auch GPS-Daten eingegeben werden können.

Impfungen

Für die Einreise nach Kanada und Alaska werden keine besonderen Impfungen gefordert. Die Standardimpfungen gemäß aktuellem Impfkalender des Robert-Koch-Institutes sollten jedoch anlässlich der Reise überprüft und bei Bedarf aufgefrischt werden. Eine zusätzliche Impfung gegen Hepatitis wird für Reisen nach Nordamerika vom Auswärtigen Amt empfohlen.

Internet

Der Zugang zum Internet ist für die meisten Reisenden fast unverzichtbar. Ob es um den Abruf von Informationen, um die Reservierung von Campingplätzen und Fähren oder um die Kommunikation per E-Mail oder VoIP geht, immer braucht man das Netz. Bis vor einigen Jahren wurden dafür meist die öffentlichen Internetcafés genutzt. Heute geht man mit dem eigenen Laptop, Tablet-PC oder Smartphone online. Die dafür erforderlichen Netzzugangspunkte, in Nordamerika WiFi-Hotspots genannt, werden unter anderem in Hotels, Restaurants oder auf Campingplätzen angeboten. Kostenlose Zugänge gibt es auch bei McDonalds, bei Starbucks, in öffentlichen Bibliotheken oder in den Visitor-Informationen.

Kriminalität und Sicherheit

Kanada und Alaska sind sichere Reiseländer. Trotzdem gibt es, besonders in den großen Städten, Klein- und Straßenkriminalität. Es gelten also dieselben Vorsichtsmaßnahmen wie in Deutschland. Außerhalb der Ballungsgebiete ist Kriminalität fast unbekannt. Das Wohnmobil sollte trotzdem immer verschlossen sein, wenn man nicht in unmittelbarer Nähe ist – auch auf Campingplätzen. Wertsachen und Dokumente lässt man nicht offen im Auto liegen. Ob man den Mut hat, in einem einsamen Wald allein zu übernachten, muss jeder für sich selbst entscheiden.

Landkarten

Die örtlichen Tourist-Informationen halten ein umfassendes Angebot an Informationsmaterial sowie Land- und Wanderkarten bereit. Damit ist man im Normalfall gut für die Reise durch Westkanada und Alaska ausgerüstet. Bei Bedarf kann man spezielle Regionalkarten als Ergänzung vor Ort erwerben. Einen Reiseatlas für Nordamerika gibt es in allen Walmart-Stores. Darin sind auch alle Walmart-Standorte in Nordamerika aufgelistet. Zur Reisevorbereitung zu Hause kann man das Angebot der Automobilclubs oder des Buchhandels nutzen. Die detaillierteste Beschreibung der Reiseregion (Mile by Mile) findet man in der »Milepost« (www.milepost.com), es ist die Bibel der Nordland-Reisenden. Über Amazon kann dieses englischsprachige Reisebuch geordert werden. Mit seiner Detailtiefe geht die Milepost jedoch fast über den Informationsbedarf einer normalen Urlaubsreise hinaus.

Maße und Gewichte

In Kanada gilt seit den 1970er-Jahren offiziell das metrische System. Davon abweichend wird in den USA, und damit auch in Alaska, das US-Maßsystem verwendet. Nachfolgend die wichtigsten Umrechnungen:

1 inch (in.)	= 2,54 cm
1 foot (ft.)	= 30,48 cm (12 inches)
1 yard (yd.)	= 91,44 cm (3 feet)
1 mile (mi.)	= 1,609 km
1 pount (lb.)	= 453,6 g
1 pint (pt.)	= 0,4731 l
1 quart (qt.)	= 0,946 l (2 pts.)
1 gallon (gal.)	= 3,785 l (4 qts.)
x mi/gal	= 235,24/x l/100 km (Verbrauch)
y mi/h	= y * 1,609 km/h (Geschwindigkeit)
z °F	= (z-32)/1,8 °C (Temperatur)

Medizinische Versorgung

Für die Reise nach Kanada und Alaska ist unbedingt eine zusätzliche Auslandsreise-Krankenversicherung mit unbegrenzter Deckungshöhe und Rücktransport abzuschließen. Das ist wichtig, weil die Behandlungskosten in Kanada und vor allem in den USA um ein Vielfaches höher sind als in Deutschland. Die gesundheitliche Versorgung ist in Kanada und Alaska sehr gut. In der Regel muss jede Behandlung sofort bezahlt werden, bei einem Krankenhausaufenthalt ist meist die Bestätigung der Kostenübernahme durch die Krankenversicherung notwendig. Fast immer ist eine Kreditkarte vorzulegen. Alle Rechnungen müssen den Anforderungen des Versicherers entsprechen. Bei Zahnbehandlungen und chronischen Vorerkrankungen bestehen Einschränkungen. Apotheken wie in Europa gibt es in Nordamerika nicht. Viele Supermärkte und Drugstores haben eine spezielle Pharmacy-Abteilung. Hier bekommt man verschreibungspflichtige Medikamente und auch eine fachgerechte Beratung. Freie Medikamente, zum Beispiel gegen Erkältung oder Durchfall, gibt es in jedem Supermarkt. Eine kleine Reiseapotheke mit etwas Verbandszeug, Desinfektionsmittel und einigen Medikamenten gehört ins Reisegepäck. Bei akuten Beschwerden kann man sich direkt zur Notaufnahme (Emergency Room) des nächsten Hospitals begeben. Die Rufnummer für Notfälle ist in Kanada und Alaska die 911. Unter der 1-888-222-1373 erreicht man den deutschsprachigen Notfallservice des ADAC.

Nationalpark-Eintrittsgebühr und Jahrespass

Für den Besuch der Nationalparks in Kanada und Alaska ist eine Eintrittsgebühr zu entrichten. In Kanada gilt diese Gebühr nur für einen Tag. Die Tagesgebühr beträgt in den meisten Nationalparks rund 10 $ pro Person und 20 $ pro Familie. Eine Jahreskarte (Annual-Discovery Pass) für 27 kanadische Nationalparks und 77 National Historic Sites kostet 67 $ pro Person und 134 $ für die ganze Familie. Ob sich die Jahreskarte lohnt, muss jeder selbst durchrechnen. In Alaska ist es einfacher. Im Denali National Park bezahlt man pro Person 10 $. Das Ticket ist jedoch sieben Tage gültig. Im Kenai Fjord National Park wird keine Eintrittsgebühr berechnet. Ein Jahrespass kostet 80 $ und ist für vier Personen gültig.

Übernachtungsplatz am Alaska Highway

Anschaulicher Hinweis auf dem Campingplatz

Sicherheitskopien

Von den wichtigsten Dokumenten wie Reisepass, Führerschein, Flugticket oder Mietvertrag für das Wohnmobil sollte man Sicherheitskopien haben. Ebenso müssen Sperrinformationen für Geld- und Kreditkarten und wichtige Telefonnummern im Bedarfsfall schnell zur Hand sein. Eine einfache Möglichkeit ist das Versenden von Kopien dieser Dokumente an das eigene E-Mail-Postfach. Sie sind dann zu jeder Zeit weltweit über das Internet abrufbar. Auch auf einem Smartphone lassen sich solche Kopien zusätzlich ablegen.

Tanken

Das Tankstellennetz im Süden von British Columbia und im Umfeld der größeren Städte ist gut ausgebaut. Die Konkurrenz ist groß, die Preise günstig. Je weiter man in den Norden und in die Einsamkeit fährt, umso weniger Tankstellen findet man vor. Manchmal steht ein Hinweisschild am Highway, wie weit es bis zur nächsten Servicestation ist. Ob es diese Tankstelle überhaupt noch gibt und der Kraftstoff auch nicht gerade ausverkauft ist, kann niemand garantieren. Also gilt im Norden der Grundsatz: An jeder Tankstelle nachtanken. Nichts ist ärgerlicher, als einen wertvollen Urlaubstag wegen solch einer Leichtsinnigkeit zu verlieren.

Telefonieren

Für das mobile Telefonieren ist in Kanada und Alaska ein Triband- oder Quadbandgerät erforderlich. Außerhalb der Ballungsgebiete und im Norden gibt es jedoch noch unversorgte Bereiche. Außerdem ist die Benutzung eines deutschen Mobilfunkanschlusses relativ teuer. Das gilt auch für ankommende Gespräche. Für den Notfall sollte man ein mobiles Telefon natürlich immer dabeihaben. Für längere Gespräche nach Deutschland gibt es jedoch günstigere Lösungen. So erhält man in den Supermärkten Calling Cards, mit denen man von Festnetzanschlüssen in Gaststätten und Hotels, aber auch von öffentlichen Telefonen aus für wenige Cents pro Minute nach Europa telefonieren kann. Noch bequemer ist es mit VoIP (Voice over Internet Protocol). Mit dem Smartphone oder einem Notebook telefoniert man dann, zum Beispiel über Skype, fast zum Nulltarif. Voraussetzung ist ein WiFi-Hotspot (siehe Internet).

Trinkwasser

Das Leitungswasser in Kanada und Alaska ist grundsätzlich zum Trinken geeignet. Es enthält aber vielfach Chlor und weitere chemische Zusätze, die den Geschmack beeinflussen. Auf einigen abgelegenen Campingplätzen muss das Leitungswasser abgekocht werden. Auf entsprechende Hinweise (»Non-potable water« oder »No drinking water«) ist vor Ort zu achten. Das Wasser aus dem Wohnmobiltank sollte man nicht unabgekocht trinken. Zum Waschen und Kochen ist es aber gut geeignet. Wer sichergehen will, der bringt sich schon aus Deutschland eine kleine Flasche Micropur oder etwas Ähnliches zur Wasserdesinfektion mit. Gutes Trinkwasser in Kanistern und Flaschen kann man in allen Supermärkten kaufen.

Verkehrsregeln

Die Verkehrsregeln in Kanada und Alaska entsprechen im Wesentlichen denen in Europa. Mit einem defensiven und vorausschauenden Fahrstil, unter Beachtung der wenigen Unterschiede, dürfte niemand ernsthafte Probleme haben, einen Pkw oder ein Wohnmobil zu fahren.

- Rechts überholen ist auf mehrspurigen Highways erlaubt. Bei einem Spurwechsel muss man ganz besonders aufmerksam sein.
- Das Rechtsabbiegen bei Rot ist an Ampeln nach einem vollständigen Stopp erlaubt. Ausnahmen sind mit »No Turn on Red« gekennzeichnet.

Kaltes Erwachen am frühen Morgen

Fähre über den Yukon River bei Dawson City

- Fußgänger haben immer Vorrang.
- An den gelben Schulbussen darf nicht vorbeigefahren werden, wenn Kinder ein- oder aussteigen. Das gilt für beide Verkehrsrichtungen.
- Innerstädtische Parkverbotszonen sind mit gelben, roten oder blauen Linien gekennzeichnet. Außerdem gibt es noch Hinweisschilder, wie »No parking any time« oder »Tow away zone«, die unbedingt beachtet werden sollten.
- Etwas gewöhnungsbedürftig ist der Standort der Verkehrsampeln. Diese stehen immer hinter der Kreuzung.
- Bei Verkehrskontrollen muss man im Auto sitzen bleiben, die Hände auf das Lenkrad legen und keine missverständlichen Bewegungen machen.
- Angebrochene Flaschen mit Alkohol gehören in den Kofferraum, im Wohnmobil in einen Schrank oder den Kühlschrank.
- Es gibt kein Hauptstraßenschild, nur die Nebenstraßen sind gekennzeichnet. Wenn alle Straßen einer Kreuzung ein Stoppschild haben (4-Way-Stop), dann darf die Kreuzung in der Reihenfolge des Eintreffens befahren werden. Klingt kompliziert, funktioniert aber in der Praxis ausgezeichnet.

Beginn des Alaska Highway in Dawson Creek

Visitor Center

Die vielen Visitor Center sind die wichtigsten und besten Informationsstellen in Nordamerika. Kaum ein anderes Land auf der Welt hat eine solch gut ausgebaute Infrastruktur zur Information von Touristen. Sie stehen praktisch überall, wo es etwas Interessantes zu sehen gibt. Das teilweise ehrenamtlich tätige Personal hilft in allen Belangen mit hohem Engagement und Insiderwissen. Umfangreiches Informationsmaterial steht zur Verfügung. Manche Broschüren sind auch in Deutsch erhältlich.

Wohnmobil

In der Hauptsaison sind die Wohnmobile schnell ausgebucht. Rechtzeitige Reservierung, am besten über eine deutsche Agentur, bringt Sicherheit. Neben finanziellen Vorteilen ist man so durch das deutsche Reise- und Vermietrecht abgesichert. Es gibt Wohnmobile, in Nordamerika RV – Recreational Vehicle genannt, in verschiedenen Größen und Preisklassen: vom kleinen Camp-Van (Class B) über Alkovenmobile verschiedenster Größe (Class C) bis zu den riesigen RV's in Busformat (Class A). Eine Ausnahme bilden die Pick-up-Camper, das sind robuste, teilweise auch allradgetriebene Fahrzeuge mit einer aufgesetzten Wohnkabine. Alle Campingfahrzeuge sind mit Frisch- und Abwassertank, Dusche und Toilette sowie Kühlschrank und Kochgelegenheit ausgestattet. Bei manchen Modellen ist darüber hinaus noch ein Stromgenerator, ein Mikrowellenherd oder ein TV-Gerät eingebaut. Natürlich hat alles seinen Preis. Sparen sollte man auf keinen Fall an der Versicherung. Auch die Genehmigung zum Befahren bestimmter Straßen, zum Beispiel den teilweise geschotterten Top of the World Highway, sollte man sich schriftlich bestätigen lassen.

Zur Einstimmung und Vorbereitung

Zum Abschluss noch einige ausgewählte Internetadressen mit ergänzenden und weiterführenden Informationen.

Allgemeine Infos zu Kanada (Deutsch)
www.faszination-kanada.com
British Columbia Reiseinfos (Deutsch)
www.hellobc.com bzw.
http://de.britishcolumbia.travel/
Yukon Reiseinfos (Deutsch)
www.travelyukon.de
Alaska Reiseinfos (Deutsch)
www.alaska-travel.de
Detaillierte Infos zu allen Highways in BC, Yukon und Alaska
www.bellsalaska.com/myalaska

A

Alaska 16, 17, 18, 20, 22, 23, 24, 25
Alaska Highway 85, 86, 87, 90, 91, 92, 94, 96, 101
Alkohol 134
Anchorage 109, 110, 111, 115
Angeln 134
Automobilclubs 134

B

Banff 42, 43, 44
Banff-und Jasper- National-Park 43, 46
Bären 17, 20
Beaver Creek 96
Big Lake 109
Boston Bar 50
Bridal Veil Falls 46
Bristish Columbia 11, 12, 13, 14, 15, 16, 17, 22, 23, 27, 58, 59
Burwash Landing 96

C

Cache Creek 50
Campbell River 70, 71
Camping 24, 26
Canadian Pacific Hotels 42
Carcross 124
Carmacks 123
Chemainus 62
Chetwynd 84, 85
Chicken 119
Clearwater 48
Clearwater Lake 49
Clearwater Provincial Park 48
Coast Mountains 8, 12, 19, 23
Comox 69
Courtenay 69

D

Dawson City 120, 121, 122, 125
Dawson Creek 85, 86
Dease Lake 79
Delta Junction 97, 101
Denali National Park 106, 108
Duncan 62
Dyea 128

E

Einkaufen 134
Einreise 134
Elektrizität 135

F

Fairbanks 102, 103
Fauquier 38
Feiertage 135
Field 40
First Nations 10, 11
Fort George Park 83
Fort Nelson 90
Fort Sankt John 87
Führerschein 135

G

Galen Bay 38
Geld und Kreditkarten 135
George Parks Highway 104
Ghosttown Silver City 96
Girdwood 113
Gitanyow 74
Glacier Bay National Park 130
GPS 136

H

Haines 129, 130, 131
Haines Junction 94, 131
Harrison Hot Springs 51
Helmcken Falls 49
Honeymoon Bay 62
Hope 32, 51
Hudson´s Bay Company 52
Hyder 75

I

Impfungen 136
Inside Passage 71
Internet 136
Iskut 79

J

Jasper 47
Johnson´s Crossing 93

K

Kamloops 50
Kelowna 37
Kenai Fjord National Park 114
Kennedy Lake 66
Keno City 122
Keremeos 35
Kincaid Park 112
Kitwanga 74
Klondike Gold Rush National Historical Park 128
Kluane Lake 95
Kluane National Park 94, 131
Klukshu Village 131
Kriminalität und Sicherheit 136

L

Ladysmith 62
Lake Cowichan 61
Lake Hood Seaplane Base 112
Lake Louis 44, 45
Lake Moraine 44, 45
Lake Tagish 125
Landkarten 136
Lytton 50

M

Mackenzie 84
Maße und Gewichte 137
Mayo 122
Medizinische Versorgung 137
Mesachie Lake 61
Meziadin Junction 74, 78
Mount McKinley 107, 108
Mount Robson Visitor Centre 48

N

Nakusp 38
Nanaimo 62, 63
Nationalpark-Eintrittsgebühr und Jahrespass 137
Needles 38
Nenana 104, 105
Newchastle Island Marine Provincial Park 63
North Pole 102

O

Okanagan Valley 23, 31
Oliver 36
Osoyoos 35

P

Pacific Rim National Park 64, 66
Pacific Rim Visitor Centre 66
Panther Falls 46
Parksville 65
Pazifikküste 11, 12
Peachland 37
Pelly Crossing 122
Peyto Lake 45
Pink Mountain 87
Pioneer Park 103
Port Alberni 65, 66
Port Alcan 97
Port Edward 73
Port Hardy 72
Port McNeill 72
Port Renfrew 60, 61
Prince George 83, 84
Prince Rupert 72
Princeton 35, 36

Q

Qualicum Beach 64, 69

R

Rain Forest Trail 67
Revelstoke 38, 39
Rocky Mountains 8, 12, 13, 21, 23, 24, 25, 39, 45
Routenkombination 25

S

Salmon Arm 38
Sea to Sky Highway 69
Serum Run to Nome 105
Seward 114, 115
Shelter Bay 38
Skagway 123, 126, 127, 128, 129
Sooke 58, 59
Stewart 75
Stewart Crossing 122
Stone Mountain Provincial Park 90
Strathcona Provincial Park 70
Summerland 37
Swartz Bay 57

T

Taiga 19, 20, 21
Tanken 138
Taylor 87
Telefonieren 138
Telegraph Cove 71
Terrace 73
Teslin 93
Tetlin Junction 97, 119
Tofino 67
Tok 97, 101, 119
Trinkwasser 138
Tsawwassen 57
Tundra 20

U

Ucluelet 69

V

Valemount 48
Vancouver 8, 26, 31, 33, 34, 51, 57
Vancouver Island 22, 23, 25, 57
Verkehrsregeln 138
Vernon 37
Victoria 58, 59
Visitor Centre 139

W

Wasilla 109
Watson Lake 79, 91
West Coast Trail 60, 66
Whale Watching 68
Whiskers Point Provincial Park 84
White Pass 126, 127
Whitehorse 93, 94, 123, 131
Willow 108
Wohnmobil 139
Wonowon 87

Y

Yale 50
Yellowhead Highway 47
Yukon 14, 15, 16, 20, 21, 24, 25, 91
Yukon River 14, 17

Moderne Fährschiffe verkehren zwischen Port Hardy und Prince Rupert.